【文庫クセジュ】

喪の悲しみ

マリ＝フレデリック・バッケ／ミシェル・アヌス著
西尾彰泰訳

Que sais-je?

白水社

目次

日本の読者へ

日本とヨーロッパは、その歴史、国民性、集団心理などあらゆる点で距離があり、考え方や行動様式には違いがあるように思います。しかし、親しい人を失なった悲しみを受け入れるための心理学的働きは、人類に共通のものであり、私たちの考察が、同じ地球に生きる同胞を手助けできるのではないかと考えています。二〇一一年三月十一日に起こった大災害には、私たちも大きく心を痛めています。そして、この惨事にめげず、復興するために手を貸すことを望んでいます。

人間たらしめているものとしての葬式

私たち人類の祖先は、三〇万年前から、おびただしい死と向き合ってきました。そして、人類を進化に導いた重要な要素のひとつに、死に対する態度があると、私は考えています。私たちを人間たらしめているのは、死との出会いです。死に関する考え方こそが、人間の感情的能力と知的能力を発展させ、知性、そして、芸術において死を象徴化する能力をもたらしたのではないでしょうか。死は、単なる離別、痛み、迷いではありません。生けるものすべてに等しく訪れる予想不可能な結末です。死は、種の観点から見れば、生物の存在を伝達するための方法でありましょう。しかし、個の観点から見れば、死は人間の限界です。死のおかげで、人は謙虚になることができます。こうした死の特別な様相を捕らえて表現したものが詩であると、私は考えています。

かつて、宗教家や、学者、そして賢人と呼ばれる人が、死と折り合う方法、悲しみや喪失感を鎮めるための規範を教えてくれていました。こうした宗教的、学術的規範は、数千年に及び継承されてきましたが、西洋においては、少しずつ失なわれてきています。もはや、祝儀や葬儀を管轄する省庁はありません。かつて、儀式は、ある種の職業人によって無報酬で提供されており、彼らの活動は、少なくとも社会的な視覚化に貢献してきました。しかし、現代では、営利企業がその役割を担っています。かつて、ヨーロッパでは、祭司、牧師、ラビらが、大きな力を持っていました。そして、その力で社会を安定させることに貢献していたことは確かでしょう。しかし、これからは、慎み深さや、存在の希少性によって力を発揮するに留まるでしょう。

死に寄り添い続けること

第二次世界大戦以降、社会的な寄り添いが消失してしまったため、喪は、より困難なものとなりました。しかし、ヨーロッパでは、八〇年代から、喪に対する社会のありかたへの嘆きは噴出していたのです。喪の悲しみは、遺族の人格さえ揺るがすような持続的苦痛の原因になることが、精神科医や心理士によって観察されていきます。そこで、新しい社会的な喪のかたちとして、遺族を支援する団体が発達しました。社会的な喪は、この時期に大きく変化したのです。かつて、遺族の社会復帰を支援していたのは、宗教や家族でした。ところが、社会構造の変化により孤立した人があらわれたため、家族的な支援が不充分となり、非営利団体による支援がとって代わったのです。重篤なケースでは、遺族は、心の専門家や、会話グループ、あるいは治療グループへと紹介されます。これがイギリスやフランスがたどり着いた新しい妥協案です。宗教の社会的役割が弱まったために、医学と心理学から、必要性に応じて、新しい団結のかたちが提案されるようになったのです。

死が突然訪れたとき

こんにちでは、大災害が起こると、医師・心理士チームが招聘され、身体的、心理的な傷がフォローされるのが普通です。しかし、トラウマ化した人の喪の悲しみが考慮されることは非常にまれです。それは単純に、寄り添いに多くの時間と手間がかかるからです。集団的なトラウマの場合、追悼式、慰霊祭は、集団には確実に良い影響を与えますが、個人にとっては、しばしば不充分です。集団的儀式は、多くの人間が亡くなったときに、それに立ち向かうように社会を鼓舞しますが、個人の生活史が蔑ろにされてしまいます。したがって、故人のために親しい人による葬儀もあわせて行なうことが必要です。私たちは思い違いをしてはなりません。現代は、個人主義の時代です。個人主義を否定することは、これまで長い時間をかけて歩んできた人類の進化を見誤ることになります。家族が故人を偲んで集まることは、特別な感情をもたらすことでしょう。特に、思い出を語り合うことは、死者を集団から引きはがすことに役立ちます。伝統的な慣習は、死者と生者の違いを際だたせるため、故人の業績、独創性に対して親密な賛辞を送るために行なわれているのです。

私たちは、死者を祀るためにとってつけたようなことをすることがありますが、このことを恥じる必要はありません。仮想空間における墓場や、フェイスブックなどネットワーク上、あるいはビデオゲームなどで、死者への賛辞が送られることにショックを受ける人もいます。しかし、これは現代的感情の発露なのです。実際、私たちの多くが、重々しい伝統的儀式から逃れたいと望んでいます。こうした儀式を理解することは困難でありましょうが、音楽や香水が、永久の別れとなる故人と私たちの歴史に区切りをつけ、思い出にすることを助けているのです。

私は心理士として、先祖の儀式や葬具を、死という観点から理解しようとしてきました。社会的喪の段階は、実際、文明を伝承しています。まず最初に、死者の名誉です。人は、時に名誉を守るため、あるいは、単に体裁を保つためだけに命を賭すことがあります。次に、離別の連鎖が介入します。まず、人は、視界から人がいなくなったというかたちで、故人と離別します。次に、物質的に、あるいは象徴的に、先祖代々の墓地や、公共墓地へと遺体を移すことで離別を体験します。それは、信仰に由来した行為ですが、死者が、私たち生けるものたちの空間に、心理的に闖入しないためでもあります。死者は私たちから遠ざけられた世界を獲得しなくてはなりません。しかし、私たちは夢の中、もっと頻繁には思い出の中で死者に交わることができます。死者の魂が「やすらか」であると考えることが、われわれを安心させ、自らの人生を続けることを助けるのです。したがって、死者は記念化され、定期的に祀られなければなりません。そうして、死者は、徐々に賢人、助言者、歴史の語り部の地位へと押し上げられるのです。大災害によって、突然、理不尽なかたちで訪れた死は、喪の儀式によって鎮められます。これは、世界的に、日常的に行なわれている方法であり、重要なのは、近親者が参加することであり、死者の威厳が取り戻され、繰り返し思い起こされることです。

失踪者、死体が見つからない人、その死が常に疑わしい場合、コミュニティは、少しの時間待って、捜索を断念しなければなりません。集団によってこの決断が下され、不完全な遺体と象徴的なオブジェとともに葬儀をとりおこなうことが可能となります。死体の不在は、しばしば耐え難いものです。しかし、近親者に意味を与えるもので代用することも可能です。

フランスでは、海兵隊が大西洋の反対側の任務先から帰還することができなかったとき、人の背丈と同じ長さの蝋燭を埋葬することで代用します。この儀式は、妻や子供が日常生活に復帰できるように、喪の作業を進めることを促します。

喪の作業は忘却ではありません。故人の不在を耐え、永遠に悲嘆に暮れなくてもすむための唯一の心的可能性を提示しているのです。今、日本は、集団的な喪の悲しみに陥っています。コミュニティが、情報、真実、そして不在を受け入れれば、日本は心理的に再興することができるでしょう。再出発するための活力を取り戻すためには、無意味から意味を見いだすことにつきるのです。そうして、近親者のあいだから亡くなった人の「充分に良い」資質をみずからの中に取り入れることです。喪失によって、無邪気さは失なわれますが、感情に残された場所だけが、立ち向かう力を与え、より賢くなることを促すのです。

二〇一一年七月十四日

マリ＝フレデリック・バッケ

はじめに

喪の悲しみは、人生における最も痛ましく、最も受け入れがたい体験である。だが、どれほど辛くとも、どれほど長きにわたろうとも、喪の作業には必ず意味がある。人は喪の作業を通して、過去から未来に向かって歩み続けることを希望し、生き続ける意思を取り戻し、死者の人生を自分の人生に組み入れるのである。さらには、時間の有限性、人生におけるマイナスの側面について考えることも、その後の人生の大きな糧となるであろう。とはいえ、喪の悲しみは、それほど簡単に乗り越えられるものではない。長い時間と、重い苦しみが求められる。

喪の悲しみは、人生における重い試練であり、精神に限らず身体的にも重いダメージを与える。喪の悲しみは、トラウマの原型のひとつであり、逆にいえば、喪の悲しみこそが、トラウマという考え方の基本モデルである。自然は、人間心理の奥深いところでトラウマを構成するが、自然を単に人間の未来を決定づけるものとみなすだけでは不充分である。自然は、つねにトラウマの原因として作用し、短期から長期にわたって、人間の未来に影響を与え続けている。喪の悲しみは、死がもたらした反応のまとまりである。フロイトは、喪の悲しみについて、次のように記述している。「喪の悲しみは、愛する人を失なった反応であるか、場所や、理想、自由など愛する者が抽象化されたものを失なったときに生じる通常の反応である」(『喪とメランコリー』)。フロイトが言うように、死と直接結びついていない喪失に伴う喪の悲しみというものもある。確かに、近親者が亡くなった場合でも、残された人にとって最も重要なのは、その喪失をどうやって自分の中で埋め合わせるかということである。喪のトラウマは、各人の歴史性において体験され、出来事としての死や喪失は、これまでの生活と乖離した出来事として各人の歴史の中に記述されるのである。死は、その耐え難さ、悲劇性、還元不能性、これまでとの非連続性によって、残された人の注意を独占してしまう。しかし、喪の悲しみは、解決策として提示される何ものかである。そして、喪を左右しているのが、故人と残された人のあいだにそれまで存在した関係、あるいは、今となってはまったく異なった形になってしまった現在の関係である。各人の歴史がそれぞれであるように、各人の喪もそれぞれである。喪の悲しみが個人的であるのは、それが心の中に隠された秘密において形成されるからである。喪は沈黙を必要とする。

喪の悲しみは、近親者の死によって初めて出くわすというものではない。喪はある種の反復である。人は非常に幼いころから喪失体験を繰り返しており、人の心的生活の基礎を形成するのは、まさに、故人の不在という欠如によってである。というのは、過去の満足の記憶を拠り所にして満足を先取りすること、言い換えれば、将来に希望を待つことが可能となるためには、欠如という状態を繰り返し体験しなければならないからである。M・アヌス(一九七六年)は、こうした態度を「喪の悲しみを遂行する能力」と呼んでいる。人間が誕生して最初に欠如と出会うことが、その後の人生において、喪失や、喪の悲しみだけでなく、さらには、限界への直面、失敗、落胆など、不測の事態に対峙するときに役立っている。人は、喪の悲しみや喪の作業を、大きな喪失を体験した時に生じる一過性の時期であると考えがちだが、そう考えるのはやや短絡的である。喪の作業は、人生のあらゆる時に絶え間なく続いている（N・アマール、C・クヴルー、M・アヌス、一九九四年）。喪失を埋め合わせる能力、喪の悲しみを生きる能力は、幼児のときに、欠如への直面という最初の経験に対して、どのようにみずからの情緒的・心理的基礎を形成したかにかかっている（バッケ、二〇〇八年）。

しかし、人の人生がそれぞれであるといっても、喪の悲しみは、個人的経験であるだけではなく、集団内で共有される一つの現実である。したがって、人類と死の関係という、もっと大きな視点からも考察されなければならない。喪のあり方は、この十年で大きく変化したが、それでも本質は変わっていない。こんなことを指摘するのは当たり前かもしれないが、決して無視できない事実である。では、「ある人が喪の最中にある」とは、いったいどのような事態なのだろうか。実際のところ、喪は、個人的な状態であるだけに留まらず、規則などポジティブなものや、禁止やタブーなどネガティブなものによって、社会的に体系化されることで実践されている。たとえば、人は、喪の苦しみを忍ぶために、定められた期間、誰が見てもわかるような特別の衣装を纏って過ごしていた。以前に比べると、現代では、社会的なレベルで喪が表出されることは減っており、見えにくくなっているが、まったく消えてなくなったわけではない。死に対する社会関係は、さまざまなレベルで変化したが、とくに大きく変化したのは、火葬の普及と生命保険の死亡保障契約である。かつて、フランスでは、火葬はそれほど一般的なことではなかった。火葬は、一九九八年の時点でわずか一七パーセントであったが、近年急速に増加している。変化したのは、死を取り巻く実践だけではない。われわれ現代人の意識も変化してきている。こうした社会的変化が、どのような原因で起こっているかは、はっきりとわかっていないが、いずれにせよ、火葬はフランスの伝統文化ではないため、故人の死を受け入れ、離別を容易にするためには、何らかの儀式的実践を行なったほうがよい。死体焼却までに宗教的儀式が行なわれなかった場合はなおさらである。

フランスの法体系は、人間が灰になることについて特別リベラルであった。フランスでは、火葬を終えれば、すぐに遺灰を骨壺に入れて持ち帰ることができた。また、公道以外ならば、その灰をどこに撒き散らそうが自由であった。しかし、幸いなことに、遺灰に関する法律は、二〇〇六年に改正され、遺灰を公共の場や、自然の中で散布しようとするならば、充分な熟慮を促すために、一定の猶予期間を経なければならなくなった。というのは、喪の悲しみは、ある程度の時間と痕跡を必要とするからである。人間の身体をたった九十分で灰にできるとしても、喪の時間を短くすることはできない。喪の時間に対して、身体の消失はあまりにも早い。この早過ぎる消失のために、あとになって、故人の痕跡が少なすぎると感じることもある。土葬が、時間をかけて身体を生物学的に再統合していくのに対して、火葬は人間の身体を一気に無機物へと還元してしまう。死による剝奪を受け入れることの難しさが、灰を入れた骨壺を神聖な場所（これは西洋文化の場合である。他の文化圏では、特別な祭壇等が設置される）に安置せずに、家に持って帰るという行為にあらわれている。骨壺や灰は、それを納める墓が集団的なものであるのに対して、個人的な所有物に変化してきている。

死亡保障契約は、現代の矛盾した態度をあらわしている。死亡保障契約は、残された子供に迷惑をかけないために結ばれるのが普通だが、実際には、自分の返済能力を保証するために結ばれることが最も多い。しかし、個別の状況は「事前」に結ばれた契約によってそれぞれである。この契約は、家族で話し合って決められることもあるが、保険金目当てに密かに結ばれることもある。いずれの場合も、保険金を受け取る人の意向を反映するものであって、必ずしも子孫のために結ばれるわけではない。

こんにちでは、喪の悲しみは、社会的なものから、個人的、家族的なものに変化してきている。まるで姿を隠そうとしているかのように、公共の場所で喪を悲しむことはなくなりつつある。現代人は、喪に服していても、それをほとんど見せなくなっている。奇妙なことに、喪が控えめになるにつれて、「喪」という言葉が、とくにメディアで頻繁に用いられるようになり、それまでの使われ方と乖離してきたのである。こんにちでは、「喪」という言葉には、「喪に服する」と「喪の作業をする」の二つの使い方がある。では、喪に服するとは、いったい何をすることなのだろうか。心理学用語である「喪の作業」は、慎重に用いられなければならないが、実際には、心理学業界以外でも一般的に用いられている。死が社会から引き離されたことで（ルイ・ヴァンセント・トーマスは、これを『死の人類学』（一九七五年）の中で「死の否認」と呼んでいる）、喪の概念と実践が変化してきたことは、社会が死を抹消できなかったことを明白に示している。ここ数年来、公共の場所で見いだされる死に対する考え方が大きく変化した。エイズや緩和療法についての考え方が変化してきたのも、こうした文脈においてである（ルイ・ヴァンセント・トーマス、『死者の復活』、一九九七年）。

新聞では死に関する特集記事が組まれ、ラジオやテレビでは死に関する番組が編成される。また、死を考える本が出版されたり、集会が各地で行なわれている。こうした現状は、ますます進むばかりの伝統的な死に関する実践への興味の喪失と見事な対を成している。現代人は、単に、忙しいとか、遠いといった理由で、驚くほど軽々しく、知人の葬式に参加することから逃れている。葬儀の最後に、知人から近親者に弔辞が朗読されることもすっかりまれになり、葬儀に参加したことを証明するために、名前を書くだけになってきている。近親者のほうでも、関係者に、故人の死を知らせる手紙を送らないことが多くなった。こんにちでは、故人の死は新聞のお悔やみ欄への掲載で済まされることもある。もちろん、誰もがその記事を見るわけではないので、葬儀の場所や日時が掲載されていたとしても必ずしも知れ渡るわけではないのだが、こうした方法は、徐々に一般的になってきている。葬式は、非常に近い人たちに限られていく傾向にある。もはや、故人の死を知らせる手紙は時代遅れで、若い世代は、そんなことを思いつくことさえない。

死に関する社会的実践の薄れは、死の職業化、施設化と対を成している。現在、少なくとも七〇パーセントのフランス人が人生の最後を、施設、とくに病院で迎えている。その中の多くの人が、（実際に可能であるかは別にして）自宅で終末期を送ることを希望している。また、葬儀には業者が利用されることが多くなっている。死亡保障も多様化しているが、現在のところ、死亡保障は葬儀費用を保証しなければならないことになっている。死亡保障は、火葬時に必要不可欠なものとして、人間主義的儀式を促進しており、葬儀時間以外のサービスも提案している。われわれは、この人間味あふれた職業性を大いに喜ぼうではないか。一方で、かつて近親者が行なっていたことが、その道のプロに取って代わられているという本質を見失なってはならない。おそらく、われわれと死との関係で問われているのは、誰が葬儀を主催するかという問題だけではないだろう。都会の孤独や、市民や家族の基本的な団結が薄れつつあることも思い起こさなければならない。しかし、われわれと死との関係の希薄化が、個人主義や、家族的な責任からの解放、独立といった社会でもてはやされている現象の裏表であることは異論のないところであろう。

おそらく、死の社会的隠蔽は、もっと一般的な現象の表出のひとつであろう。人びとは、死に対して、何かしら、機能的で、標準的、そして、なめらかなイメージを与えたがっている。そうしたイメージには、苦痛に満ちた感情を表出することはそぐわないので、こうした感情は内輪のものとして留められなければならない。苦しみなど、痛々しい感情を外に表出することは、もはや認められなくなっているのである。家族は感情をコントロールして、外に表出することを抑えなければならない。現在、社会で認められ、喧伝されている価値は、進歩、成功、快適さであり、苦痛や試練、病気などの体験とはまったく正反対である。こうした体験は、一部の社会施設や個人的な空間でしか表出される場所がなくなっている。喪という言葉は、すでに拡大して使われるようになり、大部分において、死という語幹を排除することに成功している。しばらくすれば、喪は苦痛を表わす言葉でさえなくなるだろう。

現代における死の拒絶は、死を通俗化しようという動きと、死を支配しようとする動きが混在しているのだと考えられる。死の通俗化は、死に関する言葉の拡大使用と、死を扱った書籍や報道の加熱の中に見いだすことができる。死を支配しようとする傾向については、死の施設化、職業化の中に見いだされるが、死を欺き、準備し、飼い慣らし、浄化して、「良い死」に仕立てようとする考え方も含まれる。まるで、死は以前から個人的な事柄であったかのようで、死があらゆる集団と関わる一般的な現象であることは、すっかり忘れられている。そうした意味では、死に関する観念と実践を充分に持ち合わせているコミュニティを除けば、喪の悲しみに陥った人は自分の居場所を見いだすことができないのである。現在、われわれは事実から遠くかけ離れてしまっている。また、多くの人は、信仰心を失ないつつあり、宗教的な実践を行なわなくなってきている。それに伴い、目に見えない物や神秘との関係は、徐々に諸説を混合したものになっていき、時にセクト主義的に花開くことがある。

こうした文脈において、死というテーマに比較的明瞭な考えを持ち、死を取り巻く実践について確固たる立場を有している人はまれである（二〇一〇年の世論調査を分析したテートによれば、この三十年間、この状況はほとんど変化していない）。われわれ現代人の多く（高等教育を受けた者さえ）が、死に関する子供の直接的な質問に対して、たじろいでしまうとしても驚くには当たらない。また、多くの人は、喪の悲しみに陥っている子供に対してなす術を知らない。ここに、われわれ現代人の曖昧で定まらない態度と、過去の実践や概念とのあいだの乖離が見いだされる。一方で、形式主義に傾き、没個性、硬直性に陥っている現状も非難されている。子供が欠如に必ず直面しなければならないように、子供が、ある日、死に出会うことを避けることはできない。死は人生の途上にある。だから、子供はそれについて尋ねるのである。死に関する子供の考えは、それほど明瞭なものではなく、子供も、大人と同じように、死について深く考えている訳ではない。それは、主観的なものであり、現代社会よりも、前近代的な社会の考え方と非常によく似ている。子供の死生観は、大人との接触を繰り返すことで、少しずつ修正されていく。また、子供における苦しみや、現実感、記憶、同一化、罪悪感は、大人のものとは異なっている。子供は、子供のやり方で喪の悲しみを生きているのである。

もし、子供が喪の悲しみを自分で終わりにすることができなければ、悲しみの一部は保留され、あとになって表出される。このような場合には、特別な注意が必要である。大人は、家族や友達など近しい者とともに時間を過ごすことで、喪の悲しみを終わらせていくが、トラウマ化したり、一時的な不均衡が生じることによって、喪の悲しみが重症化することもある。つまり、喪の悲しみが、病気レベルになることがある。このあたりの機序は、まだまだ不明な点が多い。というのは、死や、とくに悲劇的な環境に対する個人の脆弱性に左右されるためである。したがって、そういった脆弱性を持った人たちが、喪の悲しみを重症化させてしまうかどうかを予測するためには、社会的な団結が必要である。そのため、近しい者による自然な支援や職業的な援助以外にも、相互扶助的な団体が次々と設立されつつある。

第一章　現代の西洋における死と喪の悲しみの表現

　喪の悲しみは、現代的な問題だが、西洋社会では最も拒絶され、最も隠蔽されているテーマでもある。かつて、死は運命として体験され、喪の悲しみはもっと表現されていた。こんにち、死や喪に対する考え方が回帰しているのは、現代社会の問題点のあらわれであると考えられる。いかに死を迎えるかというテーマは、アメリカ合衆国で、死生学《タナトロジー》と呼ばれる精神医学の一領域を形成した。現在、死生学は、先進国のほとんどで確固たる地位を占めている。

　どんな社会でも、死や喪の悲しみは、社会的な保護を受ける対象である。人類史上最初の墓は、故人を象徴化するものとして登場した（紀元前十万年頃と推定されている）。また、死者を弔う儀式は、数千年の時を経て、少しずつ形を変えながら現在へと受け継がれている。しかし、こんにちでは葬儀や悲嘆が「個人化」する傾向がある。一九九九年三月三十一日、イギリスのタイム誌では、『自分自身で葬儀をするべきか』という特集記事が掲載された。その記事によると、ナチュラル・デス・センターは、エコロジーでシンプルな埋葬として、木の根元に、故人を忘れないためのネームプレートを置くだけに留めることを提案している。エドガール・モラン(1)が提案する西洋的主体の個別化運動は、こうした傾向を起源としていることは間違いないだろう。彼らは、儀式という言葉にさえ反対している。実際、儀式とは、ともに故人の死を乗り越えようと望むことであるから、他人とわかち合うことを望まないならば、儀式が必要ないというのは道理である。死の悲しみを恥じらい、内輪のものとし、飾り気をなくそうとする傾向は、他人との差異を明確化し、個人を打ち立てようという考えと表裏一体である。香典は、もはや霊的なものでも、魔術的なものでもなくなり、上辺だけのものになった。しかし、現代でも、喪に対する太古的な不安は至るところに残存しており、喪に引き続いて起こるさまざまな問題が、それを示している。

（1）フランスの哲学者、社会学者。人間は文化によって影響を受けやすく本能が壊れていると現代文明を批判する〔訳註〕。

遺族は、病気の発症や、癌の進行、交通事故など、不幸な出来事を親しい人の死と直感的に結びつけがちである。喪の悲しみにカウンセリングを適用し、遺族を援助するべきという考え方が登場したのは、こうした状態に対処するためであった。死を迎える時に生じる精神的負担を医療が引き受けようという考えは、緩和医療という一つの医学領域を生み出した。ところで、この緩和医療という考え方は、医学が万能であるという幻想を打ち砕き、男性的世界観をすっかり変貌させた。緩和医療が登場したのは、第二次世界大戦後のことである。それまで、医学の進歩は限りなく続き、死は克服され、人類はやがて神と等しくなるだろうと夢見られていたのである。馬鹿なことと思われるかもしれないが、当時は本当に信じられていたのである。はじめての臓器移植は、不死への欲望が具現化されたものであった。最初の心臓移植は、一九六八年一月、クリスチャン・バーナード博士によって行なわれた。人類が初めて月に到着した（一九六九年）のと、ほぼ同時代であり、まさに近代をあらわす出来事であった。この二つの大冒険に続いて、世界規模で医学的探検が行なわれたが、それは当時の世相を反映したものであった。有史以来、臓器移植は試みられ続けてきたことであったが、この時代、ついに至高の生命に至るための最初の一歩が踏み出されたのである。月面着陸は、人類が地球という揺りかごから飛び立ち、生命の新たな可能性を切り開くことを象徴していた。天空に近づくこと、神によって作られた生命を改変することとは、人間の生命を超越し、環境を支配する方向へと人類を進化させることであった。

しかし、人類はすぐに暗礁へと乗り上げることになった。それは、他国民による支配であり、過去の経験の忘却であった。二十世紀の世界大戦時には、暴力性が極限にまで達した。これらの大戦を導いた潜在的な原因は、世界的な宗教心の喪失であったと言えるだろう（宗教心との戦いというスローガンは非妥協的保守主義を高揚させ、戦禍が拡大した）。

二つの世界大戦のあいだ、とくにジェノサイドによって、人体実験が繰り返し行なわれた。いや、人類実験といったほうがいいかもしれない（不幸にも、ユダヤ人に対する迫害はいつの時代にも存在したが、ナチスほど死を大量生産したことはなかった）。ユダヤ人の遺伝子など神話的なものに過ぎず、存在しないものだが、ナチスはそれを消滅させるために、男女、子供を皆殺しにした。この虐殺は、理屈など必要とせず、システム化だけで充分であった。

アレクサンドロス大王の時代にも、専制政治と、それを支えるプロパガンダの重要性はよく知られていた。現在までに変化したのは、地理的、歴史的な増大のみである。大衆政治と情報伝達によってあらゆる国民が感化されるようになった。大衆政治は、外国人嫌悪など、人が心の中に隠していた感情を表に出すことを手助けした。安楽死という概念は、ドイツの戦争責任を論じるために開かれたニュルンベルク裁判において、死に関する倫理的問題が考察された副産物としてあらわれたのである。しかし、死を待っているように見える疲れ果てた老人や、遺伝子異常の赤ん坊の立場に立って考えること、ましてや、彼らのために死を与える権利など、本当に人は有しているのだろうか。

古代ギリシアでは、乳児はしばしば犠牲として捧げられたが、ほとんどの老人たちは尊敬され、大事にされていた。文化は、しばしば人を殺める儀式を行なったが、一九三五年から一九四五年にかけての戦争のあいだ行なわれたショア(ヘブライ語でホロコーストを意味する)は、まさにその代表であった。人が、それを否認しながらも受け入れたのは、その行為が無意識的な欲望に通じていたからである。否認や恐れは、近親者の死を前にして反応することを拒絶するためのメカニズムである。

文化がぐらつくのは、まさにその瞬間である。死体を収容すること自体には、何の意味もないが、いつの時代においても、死体を放置したり、葬式を行なわないことは、死者に対する最大の侮辱であるとみなされていた(ジャン・ドリュモーは、死体が埋葬されなかったのは、唯一ペストの大流行時だけであったと指摘している)。死の痕跡をあらわすものが何も残されなければ、人の死は虚無の中で失なわれていくからである。ナチスは、自分たちの行動が、これまでの文化をまったく変えてしまうことを完全に理解していた。つまり、人を処刑場で殺し、その死体がないがしろにされるならば、その人間の価値は、五〇日しか生きられないブロイラーと何ら変わらなくなるだろうと考えたのである。人間の魂を否定し、人を物の立場にまで貶めることで生じた集団的無意識が回復するためには、五〇年の歳月が必要とされるであろう（バッケ、二〇〇六年）。
（戦時における虐殺や核による殲滅ジェノサイドなど）死者への儀式を大胆に無視することは、葬儀を軽視する傾向を反映したものである。だが、今後も葬儀がなくなることはないだろう。反対に、死を尊重しようとする態度があらわれ、緩和医療という考え方が登場した。葬儀の軽視は、都市の過密化や、医療の大衆化によって、病気や老い、死が日常生活から遠ざけられたことも大きな原因である。また、生産力を高めるために、かつて道徳的、社会的、精神的な行事に割かれていた時間が減少したことも理由のひとつである（トマス、一九七八年）。女性の就労が一般的化したことは、死に関する儀式に従事する「自然の代理人」を減少させた。葬儀や、墓守が減るにつれて、泣き女を生業とする老婆も姿を消した。こうした事態は、世界に対する幻滅の感情を育んでいった。

ニーチェの語る「神の死」は、人類が絶滅するという幻想に呼応している。原子力時代の到来とともに、この幻想は潜在的な現実になっている。ダモクレスの剣(1)にたとえられた冷戦の危機的時代、世界の破滅はタブーとして遠ざけられた。それについて語ることが少なければ、ことが起こる可能性も少なくなると考えられたのである。これは、「癌」や「死」を語るときにも見られる現象である（前者は声を落として語られるし、後者は「彼は旅立った」などとぼかされる）。死に関する言葉は、冷たく変化してきている（かつてはユーモアや隠喩にあふれていたが、現代の言葉では、もはや笑うことなどできなくなっている）。死への接近は、医療が関わることへと変化したのである。

（1）ある日、ダモクレスがディオニュシオスに対して王の境遇の良さを讃えた。すると後日、ダモクレスは王から豪華な宴の招待を受けた。宴は豪華を極めたものであったが、席上でダモクレスがふと頭上を見上げると、天井から糸で剣がぶら下がっていた。その糸はいつ切れてもおかしくない細さで、これをもって、王は自分の命がつねに危険に晒されていることをダモクレスに示そうとしたのである。この故事から、ヨーロッパ文化圏で「ダモクレスの剣」は、つねに戦々恐々としている状況、あるいはそのような状況をもたらすものの譬えに用いられるようになった〔訳註〕。

この方面では、人口統計学の革新が大きく寄与した。西洋諸国の場合、人は死を病院で迎えるのが普通である。死が訪れるのは、すでに医療施設に入所している高齢者が大多数である。若い人が死を迎えるときは、なおのこと、病院に入院するようになった。これらは、まさに現代の医療化傾向を示している。仮に、若い人で、自宅で死を迎えることができたとしても、病院のベッドで最後の日を過ごすこともよくあることである。

臨終の間際になって、医療という集団的枠組みに入れられてしまうために、死の不安があおられることもあるが、緩和医療の高度化が、疼痛や死への不安を和らげたことも事実である。老いを理由に死ぬことは、徐々に非常識なことと考えられるようになってきている。死因を体系的に探求し、合理的に説明する傾向は、自然死を不可能にしている。もはや、老衰による自然死は、合理的な死因とみなされない。こうした考え方は、むしろ未開人や子供の考え方に似ている。というのは、両者にとって、死はつねに外因であり、人や出来事に必ず帰せられるものだからである（幼い子供は、死の原因として、悪い魔法や呪い、殺人のようなことしか思いつかない。子供にとって「人は死なず、殺されるのである」）。

また、症状の悪化が、過剰な治療へと向かわせてしまうことがある。フランコ将軍の臨終が代表例である。権力側にある人間が、彼を人工的延命装置によって生きながらえさせることを望んだのである。

人生の終わりをうまく支配したいという考えは、二つの傾向にいきつく。一つは、人間の尊厳において、医療による延命を制限し、安楽死を法制化しようという考え方である。もう一つは、終末期医療において、道徳的、精神的に支持され、身体の苦痛を取り除くような対処療法を行ないながら自然死を待つという考え方である。どちらの場合も、近親者に付き添われる。こうして、喪は再び尊厳を勝ち得るのである。

精神科医、いやとくに精神分析家は、喪の悲しみを病的なものとみなさず、ひとつの規範とみなすことから、おそらく例外的な存在であろう（フロイトは、メランコリーと喪の悲しみを区別した。クラインは喪の悲しみを小児の心的発達から記述した）。また、古生物学者や人類学者は、あらゆる文明の儀式の起源を喪の悲しみに求めた（ファン・ヘネップ、フレイザー、レヴィ＝ストロース、トマス、オルニエなど）。

歴史家は、儀式を独自のフィルターを通して解読した（ジャック・シフォロー、ジャック＝ル・ゴフ、ミシェル・ヴォヴェル、ジャン・ピエール・デゥレナクールら）。さらに、社会学者は、こうした死の再生が意味するところを分析した（ジャン＝ヒューグ・デショー、パトリック・ボードリー、ジャン＝デイジエ・アーバン）。しかし、臨床実践によって裏打ちされた理論的な仕事に限定するなら、死や喪の実践家といえるのは、医療者や、心理士、精神分析家であろう。

現在、こうした職業化への流れが逆転しているところであると思われる。フランスでも、アングロ・サクソンの国々に習って、遺族を支えるために多くの組織がつくられた。現在、「自然な」コミュニティによる援助は、緩和医療に発する協会のボランティアによって行なわれている。こんにちでは、かつて暗黙のものであった団結が、電話や訪問によって組織的に運営されているといえるだろう。

中世の時代には、死や喪に関わる人間が数多くいた。彼らは、街の中に店を構えて、さまざまなかたちで謝礼を受け取っていた。医者、聖職者、呼売り商人（町中に死を伝える役割を果たしていた）、死体防腐処理人、死体解体人（この時代には、多くの人が旅に出たので、死体を家族の墓場まで運ぶために切り分けなければならなかった）、老婆、役者（葬儀のあいだ死者の役を演じた）、死装束の仕立屋など、すべての人がみずからの持てる能力を発揮して、葬儀に参加した。あの世で故人の寛大さを保証する役割を任せるために、物乞いが呼ばれることもあった。最も貧しい人たちを除くと、現代の都会でしばしば行なわれているように飾り気のない葬儀が行なわれることはなかった。中世では、謙遜から葬儀を簡素に執り行なうよう希望する人は、現在よりもむしろ多かったが、それは、現代人が葬儀を巡る「煩わしさ」から逃れようとすることと同じことではない。現代人がひっそりと葬儀を行なうのは、中世の修道僧のように、イエス・キリストの清貧さを真似ているのではなく、現代社会を構成する快楽主義的な秩序を壊さないためである。したがって、誰かの死によって悲哀や、活動性の低下を示す人は、医療を受けるべきであるとされた。こうして、死は病院に閉じこめられ、喪の悲しみもまた、表出されないよう隠されなければならなくなったのである。

喪の悲しみは、表出されることを禁じられること（ジョフリー・ゴーラーは、これを現代の「ポルノグラフィー」と評した）で、病的なものとなり、医療が扱うべきものとなった。参列者の気持ちが高ぶらないように、葬儀会社が原稿を作り、音楽を流すことについては、しばしば賛否が問われるところである。遺族や医療者を支援している協会は、故人を偲ぶための集会を設けている。これまで伝統として家族の中で受け継がれてきたことが、これからは、その道の専門家からアドバイスされることになるだろう。彼らは、死を家族的なものに戻すわけではない。より細分化するのである。しかし、それによって死を遠ざけることはできない。人が長生きになれば、他人の死を体験し、それを悔やむ数が増えるのは道理である。人は、どのように死と向かい合えばよいのだろうか。

遺族への支援団体は、二つの方面で活動している。ひとつは、治療者や専門的なグループによる遺族への支援である。死に瀕した人や遺族に寄り添うことは、他の人の死や、自分の死を乗り越えることも手助けするだろう。

かつては、死に関する「知」が存在した。実際には、この知は、宗教的な信仰表明であった。恐れを飼い慣らすことは、あの世におけるより良い生命への希望であった。こんにちでは、宗教的な期待は、科学的な知によって大きく揺らいでいる。世界創造（ビッグバン）を考察するために、何らかの超越的精神を前提としなければならないとしても、（アウシュビッツのような）残虐行為の歴史は、宗教的な未来像に対する希望を大きく挫いたのである。それに対して、死に関する科学的な考え方は、大いに成功を得ることになった。

ダーウィンの仕事は、人間の知についての第二の革命である（最初はガリレオで、三番目がフロイトである）。ダーウィンは、種がより良く適応していくためには、死ぬことが必要であると考えた。しかし、「人間は、みずからの終わりの必要性を知っている」という考え方には危険が宿る。人間を非神聖化して、愛他的な自殺を奨励していると受け止められる可能性があるからである（現代の殺人狂である）。しかし、死に関する知を得るのを妨害するよりも、良い条件のもとで、その知を広めていくほうが有益であると思われる。

そこで、適切な教材を使って、幼稚園から死に関する考察を深める場を持つことが提案されている。四歳の子供は、死の観念を充分に理解することはできないが、「バキューン、君は死んだよ」などと言って、遊びの中で頻繁に、死の観念を用いている。しかし、こうした遊びに先だつのは、テレビや新聞が広めた死のイメージである。ある子供が祖父母を亡くしたときに、クラス全体で話し合うなどすると、子供が死について考える良い契機となるであろう。

死について語るのに、哲学の授業が始まるのを待つ必要はない。家庭や学校でも、充分に可能である。思春期や、初体験の頃、就職するときなどを契機にすると語りやすい。死は、知っているというにはほど遠く、誰も死後に何が訪れるかを知らない。死を知らないからといって、やみくもにぶつかっていくようでは価値がない。反対に、死を限界として利用することは、人生を豊かにするには良いことである。

時間の有限性や死を意識することは、多くの人が考えるのと反対に、生の欲動をあらわしており、人間の賢さのひとつである。（人は若く、美しくあり続け、死ぬときは衰弱せず急死するという）現代西洋社会の規範と比べて、人生の終わりを最も良い環境下で受け入れようという態度は、正しいものであるように思われる。しかし、この態度には生命のはかなさを超越しなければたどりつくことはできない。たいていの人は、古来より存在してきた儀式を通してのみ、この不確実性を受け入れることができる。儀式を執り行なうこと、自分の属する集団について語り継いでいくこと、いくつもの世代を超えて留められた芸術作品などは、人間が死を受け入れるための基礎を成しているのである。

第二章　喪の悲しみとは何か

フランス語の喪の悲しみ(deuil)の語源は、ラテン語の dolere(苦痛)の dol である。また、douleur(苦しみ)の語源も同じである。喪の悲しみは、「愛する人の死によって引き起こされた情緒的な苦しみ」と定義される。また、喪は、状態像であると同時に、一定の期間をあらわしている。つまり、「ある人の喪失に由来する、辛く悲しい期間」と定義することができる。さらに、喪という言葉には、社会的な意味も含まれている。たとえば、ある人が「喪に服している」といえば、その人は、何らかの行動規範が科されていると考えられる。もしも、ある国民が、君主や大統領の喪に服しているといえば、それは当面のあいだ、故人が理想化され、批判的な言動が自粛されている。これは、故人の死によって生じた代行期間を円滑にすることに役立っており、実際のところ、国民は、それほど泣き濡れていないし、悲しみに暮れてもいない。

I　喪の悲しみを表現する英語とフランス語の比較

英語では、喪の悲しみをあらわす言葉は三つある。これらを使い分けることで、より精密な意味を表現することができる。

・ビリーブメント。これは、喪の客観的な状況をあらわす言葉である。喪失によって、それほど情動的な苦しみがあらわれていない場合に用いられる。

・グリーフ。この言葉は、フランス語で悲しみ《シャグラン》と翻訳されるが、英語ではより重い悲しみを意味する（たとえば、子供が、自分で制御できないほどの悲しみに圧倒されている時などに用いられる）。グリーフは、辛く苦しい悲しみであり、それを慰めることはできない。時間経過だけが、この悲しみを薄めることができる。「もし彼がここにいて、それを見ることができたら……」、「もし彼がこの時代を知っていたら……」といった表現で、無念の感情を伴なってあらわされるのがつねである。

・モーニング。この言葉は、より社会的な概念であり、喪に服しているとか、葬儀に参列しているという事態をあらわしている。この言葉によって、喪の悲しみにおける情動的な部分と、社会的な部分を区別することができる。かつて、葬式で泣くことを生業とする「泣き女」と呼ばれる人たちが存在した。彼女らの多くは若い未亡人であった。彼女らは、心痛を感じてはおらず、仕事として泣くのである。喪に服することは、基本的に、社会の秩序を維持することを意味していた。喪服に包まれた厚いベールの裏側で、嬉しそうな顔をしているのではないか、ようやく訪れた自由を満喫しているのではないかと詮索する者は誰もいなかった。

II　社会による喪の重視と、個人における悲しみの表現

喪失に対する態度は、その人が属する社会によってさまざまである。しかし、いかなる社会においても、それが悲しみの期間を短縮するためのものであることに変わりはない。中世ヨーロッパでは、配偶者を亡くすことが、みずからの生命的危機や、経済的不安定と直結していたので、早々と再婚することがつねであった。しかし、亡くなったのが子供の場合には、人は自由に泣き濡れることができた。この時期に、自傷行為が見られることは珍しいことではなかった。十五世紀以降、教会は、黒い帽子で顔を隠して、ハンカチで涙を拭うなど慎み深い態度を奨励し、感情を表出することを制限した（アレキサンドル・ビドン、一九九八年）。

涙をこぼすような卑しい反応を避けることこそが、動物と人間の違いであり、近代的な態度であると考えられた。過剰な慎みは、悲しみの裏面であった。いつの時代も葬儀は悲しみのはけ口だったからである。しかし、歴史的に見ると、感情表出を控えるムードが、この時代を支配していたことは疑いよう

がない。十九世紀の墓場は、死を演劇的に表現するもので満ち溢れていた。二つの世界大戦の戦死者たちの十字架が列を成し、英雄たちの死の濃密さが表現されていた。しかし、一方で大量に人が死ぬことのばかばかしさも示されていたのである。

Ⅲ　正常な喪の悲しみと病的な喪の悲しみ

二十世紀は、感情の高ぶりの心理学的な有用性が再評価された時代である。カール・アブラハムは、メランコリー患者の研究を通して、喪の悲しみのモデルを作り上げた。フロイトは、このモデルから大きな影響を受け、喪の悲しみからメランコリーを説明する精神医学的なモデルを復権させた。

フロイトによれば、「喪の悲しみは、愛する人を失なった反応であるか、愛する者が抽象化された場所や、理想、自由などを失なったときに生じる通常の反応である」と定義される。フロイトは、喪の悲しみについて、メランコリーに関する古典的な症候学（深い悲しみ、外部世界から脱備給、制止、自己軽視、破滅的妄想思考など）を援用したが、たった一つ、自我感情の問題という新たな視点を導入した。フロイトの革新的な定式は、「喪の悲しみでは、世界が貧しく空虚なものとなる。メランコリーでは、貧しく空虚になるのは自分自身である」と要約することができる。フロイトは、『喪とメランコリー』という有名な論文において、（現実的に）失なわれた対象について悲嘆に暮れる作業と、無意識的な喪失（自我の喪失）に対してメランコリー者が取る態度としての無知を区別した。フロイトによれば、メランコリー者が選択する対象は、ナルシスティックなものである。対象にナルシスティックに同一化すると、それを喪失した時に退行を引き起こす。しかし、メランコリー者にとって、その対象と向かい合うことはアンビヴァレンツである。その結果、憎しみによって増強された愛の混合物が形成され、自殺企図というかたちで表現されるのである。自我が潜在的な愛の対象とみなされていなければ、自殺が企図されることはない。一方で、病的な喪の悲しみにおいては、対象への無意識的な敵意が見いだされる。リビドーを引きはがす作業に時間がかかるのは、まさに、愛する失なわれた人へのアンビヴァレンツのためである。メランコリーと比較することで、次の二つの結論が引き出される。

・対象が失なわれたことによる喪の悲しみは、分離の無意識的、意識的な作業によって引き起こされる。本質的に、分離は痛みを伴うものであり、抑うつは、現実の認識と結びついている。

・喪の悲しみによる抑うつは、正常な反応である。メランコリー者の病的な抑うつと異なるのは、失なわれた対象が現実であるという点である。また、失なわれた対象が、自分自身と完全に一致しない点も異なる。対象選択の時点で多少なりともアンビヴァレンツが存在すれば、メランコリーのように、自我への憎しみに帰結されることはない。

Ⅳ　喪の作業とフロイトの精神分析

喪に関する精神分析家の仕事は、まさにフロイトの死を巡って発展したといってもよいだろう。ヘレーネ・ドイチュ(1)は、当初、「喪病《マラデイ・デウ・デュイユ》」というものがあると考えていたが、一九三六年を境に、悲嘆が引き起こされないことのほうが病的であるという考えに方向転換した。民族学者は、儀式の重要性を強調している。葬儀は、他のさまざまな通過儀礼と同じように感情表出を許容するためにコミュニティによって提供された場である。ダニエル・ラガーシュ（一九三八年）は、喪の儀式の役割を、生者と死者を厳密に分かち、罪悪感を弱め、喪の期間を短縮することであると説明している。

（1）ポーランド出身の女性精神分析家。フロイトの精神分析協会の最初の女性メンバー〔訳註〕。

メラニー・クラインは、喪の基本的なモデルを作り上げた。彼女によれば、あらゆる喪の悲しみは、原初的な喪、つまり母親との離別の悲しみを再現したものである。精神分析がいうところの、母親との離別とは、「母親もみずからの人生を歩んでいる一人の人間であり、他の人と関係を持っている」という事実を理解することである。近年では、母親を総合的な対象とみなすようになってきている。つまり、子供が見捨てられていると感じずに、母親が遠ざかるのを見ることができるのも、母親の機能のひとつだというのである。子供は、この「それほど良くない母親」のおかげで、外の世界を探索できるようになり、心的世界を拡大することが可能となる。子供にとって、母親が自分に完全に属していないという幻滅は悲しみだけでなく、攻撃性も生み出す。メラニー・クラインは、この段階を「抑うつ態勢」と呼び、子供の成長にとって必要不可欠なものであると見なした。抑うつ態勢は、子供を成熟へと導き、その後の喪失に対する反応の原型を形成するのである。

V　フロイト以降の分析家たち

一九六〇年代、イギリスの精神分析家であるジョン・ボウルヴィは、動物行動学の観点からフロイト理論への再接近をおこなった。ボウルヴィは、あらゆる高等生物にとって、生き延びるために中心的な役割を果たしているのは、執着《アタッシユモン》であると説明している。一九七〇年代の三部作でも、（動物であろうと人間であろうと）子供が周囲を探索するためには、母親によってもたらされた安全圏を利用しているのだと説明している。というのは、母親の安全圏を出ると、子供は挨拶をすることさえできないことが観察されたからである。

ハーロウ夫妻ら動物行動学者によれば、子供は、母親がいなければ捕食者に食われるかもしれないので、離別への強い恐怖は、むしろ弱々しい子供時代を生き抜くことを助けている。つまり、離別の恐怖は、子供の基本的な発達を司っていると考えられる。

生後六か月から五歳までの期間は、最も敏感な時期である。ボウルヴィは、大人になってから誰かを失なった時に、強い不安を再体験することは、しばしば、小児期の喪が重症化して、病的になっている徴候であると述べている。一九七九年、彼は、三つのタイプの病的な執着を定義した。不安を伴う執着、安心感を繰り返し求める執着、母性的な世話を繰り返す執着である。両親から見捨てられたり、離別の脅威に曝されたり、充分な養育を受けていなかった子供たちを観察したところ、子供たちは自分の周囲の関係を最重視し、これを支配するために執着行動を駆使していることがわかった。とくに、抑うつ的な母親は、子供をこうした行動に駆り立てさせ、小さな仲違いにも敏感に反応させることがわかった。

ボウルビィの研究は、早期に親を亡くした子供が大人になって、抑うつ的な傾向に陥りやすいことを疫学的に裏付けるものである。

最後に、エリッヒ・リンデマンである。彼は、第二次世界大戦時のパイロットや、火災で子供を亡くした親など、トラウマを負った人を観察することによって、喪の作業を記述した。

トラウマを負った人は、故人と共有したあらゆる出来事から自由にならなければならない。過去の出来事は、現実であると同時に、幻想にもなり得る。流産した親が、まだ見ぬ子供の喪に服することができるのは、喪の作業が、幻想的な死の観念にも基づいているからである。故人と共有された体験は、「思索や苦しみとして浮かび上がる」に違いない。喪の作業は、記憶の上に成り立っているので、記憶と苦しみを分離することが必要である。現在(死という現実)は、未来でもあり、未来を断念することでもある。

現在、多くの精神分析家が喪の悲しみを扱っている。精神分析は、重なった喪の悲しみ、遷延化した喪の悲しみなどに対して、最も有効な治療実践として君臨し続けている。反対に、一般的な喪の悲しみの場合は、心理学的なサポートで充分であると思われる。

第三章　「通常の」喪の悲しみの経過

I　喪の悲しみの段階

ショック状態、身体的・精神的な拒絶の段階

大きなショックを受けると、人はあらゆる心理的機能をストップさせる。「そんなはずはない、信じたくない」と叫び、わめき声を上げ、まさに茫然自失となり、現実を拒絶する。打ちのめされ、押しつぶされ、すっかり疲弊する。底の見えない断崖へと転落したと感じる者もあれば、無重力状態になったと感じる者もいる。この浮遊感はまれな現象ではなく、喪の初期における非常に強力な心理的防衛のひとつである。急性期には、めまい、吐き気、動悸などの不安症状が出現するが、本当のパニック発作に陥ることもある。心理的・身体的麻痺を引き起こし、感覚を遮断することで、過酷な環境からみずからを防御しているのである。したがって、喪の急性期には、以下の三つのレベルの事態が起こっていると考えられる。

- 情動的な無感動
- 感覚の衰弱

・身体器官の麻痺

突然の訃報を受け取った人の行動には、二つのタイプがある。この行動は、本人には意識されずに実行される。

拒絶反応

・麻痺、無言、茫然自失の表情、虚脱状態
・極度の疲労反応
・自動的、機械的な身振り

逃避反応

・駆け出す。物を探す。
・逃避的態度、回避行動
・故人が居た場所、あるいは遺体が安置されている場所での落ち着かなさ

II　探索行動と退行

先述の自動反応は数時間続くが、その後、さまざまな考えが浮かび上がり、頭の中を一杯にするので、悲嘆は少し弱まる。故人はどこにいったのだろうか、故人は何を残したのだろうかといった問いが、遺

族を探索行動へと駆り立てる。

最初の探索行動は、故人の名前を呼び、叫ぶことである。乳幼児が、疲れ果てるまで泣き叫びながら、母親を呼ぶのと似た行動であり、一種の退行である。やがて、行動はまとまりを取り戻し、自己禁止的になる。ボウルヴィによれば、失なわれた人を探索し、取り戻したいという欲求が最も強いのは、故人の死から数週間である。やがて、内的動揺、活動能力の低下に変わるが、故人を象徴する物や言葉を探し求める行動がとって代わることもある。身の回りで起こったこと、感じたことをすべて故人に結びつける傾向はよく見られるが、幻覚的に、故人の姿を見たり、声が聞こえるという人もいる。これは軽度の意識混濁によるものだが、故人に再会したいという心の奥の欲望でもある。故人の夢を見ることもよくある。この夢を見た人は、故人が「まだ死にきれていない」と考えることが多い。

アヌス（一九九四年）によれば、無駄だとわかっていても一度全力で探し求めたあとでなければ、遺族が故人から距離を取ることはできない。つまり、探索行動は現実性を取り戻すための対価である。だが、探索行動は、エネルギー的に高コストである。しばしば、探索行動には、怒りや攻撃性が伴うこともあるが、それは、この探索が決して実を結ぶことがないという絶望に起因している。

喪の悲しみの最初の段階に、ストレスモデルを当てはめると、他人の死を知って理解するまでに、なぜ時間的遅延が生じるのかが理解できる。この遅延は必要なものである。人は「認知的不調和」に陥ることで、衝撃的な変化に心を揺さぶられないで留まることができるのである。

直面した出来事がみずからの認知能力を超えてしまい、それを受け入れることができないという事態もストレスである。したがって、最初の段階では、訃報自身が大きなストレスである。人は、このストレス的な出来事に対して、攻撃や逃避といった非特異的かたちで反応する。つまり、訃報を信じることを拒否したり、真実からできる限り逃げようとする。場合によっては、情報提供者を誹謗することもある。近年では、こうした攻撃的反応を呈する人がよく見られる。しかし、この無益な初期反応は速やかに消滅し、現実を再認識し、落胆へと変化していくのである。

Ⅲ　攻撃性と怒り

怒りや恨み、憤怒といった情動は、悲しみの置き換えであるが、こうした情動が、喪の悲しみの最初の段階からあらわれることもある。メラニー・クラインは、子供の分析経験から、これを妄想分裂体勢として記述している。これは、ときどき子供の側を離れる母親に対して、子供が母親に攻撃性を示す時期である。攻撃性を外に表出することによって、罪悪感や抑うつ感といった感情が生じる。クラインのモデルは、近しい人に見捨てられたと感じて悲嘆に陥っている人にも適用することができる。この場合、「なぜ、あなたは僕の側からいなくなったの？」という問いは、死者へと向けられている。また、自分の無力さを責めて、死を望む人もいる。

こうしたアンビヴァレンツな関係は、故人への無意識的な敵意に由来している。したがって、愛していたが、一方で、その人の死を望んでいたという事態を言葉であらわすことが、理想化された故人の呪縛から逃れるための方法である。反対に、怒りに執着することは、喪失という事実を拒絶しているしるしであり、愛する人を再び取り戻したいという願望をあらわしている。

ショックから立ち直るためには、大変な労力が必要とされる。不安や怒りの表出、探索行動などは、多くのエネルギーを奪うことになる。不意に流れる涙は、エネルギーのロスが少なく、悪くない身体的な表出である。重要なのは、故人のことを思い出すときによく考えることである。そうすれば、反射的に行動してしまうことがなくなり、喪の作業の助けになるだろう。

Ⅳ　喪の悲しみを表現すること

涙がこぼれることは、感情が素直にあらわれているという点、行動化を断念したという点で良い兆候である。もちろん、誰もが葬式で涙を流すわけではない。子供は、周囲に起こった悪い出来事を多少なりとも理解しているが、それを表出することは苦手である（子供は自分の悲しみを見せることで、両親が苦しむのを望まないからである）。同じように、男性は悲しみをあらわすことに抑制的であり、喪の悲しみも、自分でコントロールしたがる。

涙を流すことは、緊張から運動的・身体的に解放されることである。その後、故人は何が原因で死んだのか、いかなる経緯で死んだのかといった問いが頭の中を駆けめぐる。こうした問いは、死や運命、神に対する反抗であるが、やがて現実的落胆に場を譲ってしまう。何ものも死という事実を変化させることができないということが、（幼児の時に）「学習された忍従」を思い出させるからである。その後、抑うつ状態《デプレシオン・エタ》か、力動的な抑うつ《デプレシオン・ディナミック》のどちらかが、この状況を継承する。

抑うつ状態は、よく知られているように、身体、行動、知的な側面から特徴づけられる、いわゆるうつ状態のことである。それとは別に、力動的抑うつは、力動という言葉があらわすように、喪の作業という精神運動の一部を構成している。力動的抑うつには、罪悪感や強迫的に故人のことを考えてしまう状態も含まれている。故人と共有されたあらゆる思い出が呼び覚まされるが、それを通して現実的な足場が頭角をあらわすのである。抑うつ状態に留まっている遺族は、いわば「身動きがとれない」状態である。遺族が終わりのない喪の悲しみに陥っているとすれば、それは病的な大うつ病の状態《エタ・デプレシフ・マジョール・パソロジック》であると考えられる。

反対に、力動的抑うつは、喪失を統合し、故人の性質を内部に取り込むことへと導く、正しいプロセスである。

1　身体的な側面において——訃報を受け取って四十八〜七十二時間のあいだ、完全な不眠に陥ることがある。その後、不眠は、熟睡感を伴わない睡眠へと移行する。入眠困難と早朝覚醒を伴うことも多い。また、不快で、混乱した夢をみることもある。愛しい人にもう一度会いたいという欲望が幻覚化して、故人が夢の中に現われることもあるが、短すぎる再会がかえって欲求不満となり、睡眠への不安を高め、入眠を怖れさせることもある。反対に、故人と再会するために逃避的に睡眠に耽溺する者もいる。一般的に、夢はつじつまがあわないものであり、回復を阻害していることが多い。夢が精神的な苦しみを和らげるということはまったくない。

悲嘆に暮れる人が医療機関を訪れるのは、この睡眠障害によってである。医師は精神安定薬を処方することが多い。この薬は、名前の通り、困難な状態を乗りきるために患者を落ち着かせる作用がある。しかし、ベンゾジアゼピン系の抗不安薬を長期間服用することには注意を払わなければならない。薬物依存になると、そこから脱出するのに一苦労することとなる。

食思不振も、初期の抑うつ状態の症状のひとつである。食思不振は、アンヘドニア（快楽を感じられなくなる状態）や、「胃の中にしこりがあるのではないか」、「喉に異物が引っかかっているのではないか」といった不安と結びついている。喪の悲しみによる疲労から、家事や学業に対して気力が湧かなくなる。しばしば、「大切な人が亡くなったというのに、自分が食べたり、食欲を感じることなどできない」といって、罪悪感が楽しみを阻害することもある。無茶な食べ方をすることで罪悪感を表現する者もいる。食事を制限したのち過食に走ることで、太る人もいる。食行動が変化したために、病的肥満に陥り、栄養士への相談によって、病的な喪の悲しみに陥っていることが発見されることもまれではない（バッケ、一九八九年）。

訃報によりショックを受け、極度の憔悴状態に陥り、医療機関の診察を受けることもある。こうした状態に対して、ビタミンや栄養剤は無効である。一般的に、その日の夕方にも患者は少し力を取り戻すが、喪の作業のあいだずっと、憔悴状態が続く人もいる。話しぶりが緩慢になり、ものを考える力が失なわれるという人もいる。

治療的には、制止を解くために、抗うつ薬が処方されることが多い。しかし、抗うつ薬が喪の作業を手助けすることはない。処方するより先に、喪の悲しみの臨床に関する知識を充分に身につけなければならない。

2　知的側面において——思考が緩慢になるのは、過去の思い出が突然想起されることが続くからである。意識が過去へと集中することで、注意力や集中力が弱まってしまう。薬物療法によってかえって緊張感が高められ、「本を読むことも、新聞の記事を読むことさえできない」、「仕事でミスを重ねてしまう」という不満が語られることも多い。睡眠障害に加えて、知的作業が困難になることで、精神病を発病したように見えることもある。高齢者の場合、連れ合いの死によって単身生活になり、それが認知症や仮性の精神衰弱を引き起こすこともある。

3　情動的な側面において——喪の悲しみに陥っている人は、気分が落ち込み、陰鬱な雰囲気をまとっている。否定的な言葉を吐き、しばしば自分自身や周囲に対して当たり散らす。逆説的だが、彼らは、自分を故人から遠ざけるようなものを鋭敏に嗅ぎ分けて距離をとっている。そうやって、ずっと涙に暮れているのである。したがって、この涙ぐましい行動から解放するためには、思い切って逃避させることも一つの解決法である。

喪の悲しみに陥っている人にとって最大のリスクは、孤立することである。孤独は、自己中心的であると非難されることもあるが、それは喪によって生じる無感動を理解していない。たとえば、子供に充分な愛を与えることができなかったと、罪悪感を抱いている母親の場合、抑うつが危険な結果がもたらすことがある。通常の喪の悲しみにも、罪悪感は見られるが、メランコリーのように破壊的になることはない。罪悪感は、一種の受動性、後悔に近いものである。受動性を評価することは、喪の作業を分析することの一部である。罪悪感は、身体的な悪化を引き起こすことも、二次的に病的な抑うつによる希死念慮を生じさせることもある。

精神病の病歴、とくにうつ病の罹患歴は、喪の悲しみに陥っている人の問診を取るうえで重要な点である。また、(とくに両親を)早期に失なうと、喪の作業の悪化や遷延化を起こしやすい。

抑うつ段階は、喪の作業において中心を占めており、この段階を短縮することはできない。他人は、抑うつの程度をやわらげることも、そこから解放してやることもできない。また、他人が抑うつの程度を標準化することもできない。抑うつの程度は、各人の人となりや、故人とのあいだに築いてきた関係によってさまざまである。また、死がどのように起こり、いかに知らされたかにも左右される。最後に、故人が親戚の中で占めていた立場も重要である。情動的な環境を調整することが、悲嘆に暮れる人を援助するために役立つだろう。

V　喪の作業の終わり

フランス語では、喪は誰かが亡くなった時から始まるものと定義されているが、喪の終わりについては特別なニュアンスがない。しかし、喪の作業には終わりがある。喪の終わりを定義するのは難しいが、本人には多少なりとも把握される。落ち込むことなく故人のことを思い出したり、故人と共有した音楽を聞いたり、故人の写真を見ることができれば、喪の悲しみは鎮まったと言えるだろう。

喪が明けて、自分に微笑みが戻ったことに驚く人もいる。喪が明けると、自分が自己中心的になっていたことを認めることが可能となり、地球が変わらず回っていたことに気づく。彼らは、それまで愛する人の死とともに、「人生が終わってしまった」と確信していたのである。喪が明けたからといって、実生活との接触をすぐに回復させることは困難だが、喪の期間を通り抜けたことで、新しい個人的な哲学が生まれる。物事を相対化することができるようになり、些事へのこだわりが減り、最終的には自分自身の死をも考察できるようになる。それにより、人間的成熟に到達し、ある種の「信仰」を持つようになる。人は、喪の悲しみを受け入れることで、人間的成熟を享受することができるのである。

抑うつによって失なわれていた能力が回復することは、他人の死を受け入れることができたということである。悲嘆に暮れる人は、自分がまだ生きていることを負債として感じており、苦しむことで、その負債を返済しようとしている。したがって、そのような人は、自分が愛する人の死を受け入れたことに驚くのが常である。人生を再び生きることを可能にするのは、こうした受け入れによってのみである。故人の死を受け入れることは、喪の作業が成功裏に終了したことを示している。それは、必ずしも再婚したり、新しいパートナーを見つけることを意味するのではない。リビドーが、（他人や活動といった）他の対象に備給され、人間関係を構築する能力を取り戻すことである。同様に、失なわれた対象とのアンビヴァレンツが認識される。そうしなければ、内面化など不可能である。故人の長所や短所を認めることは、最初は困難である。なぜなら、意識的に批評するには、故人はあまりにも高く見積もられるからである。しかし、最初の理想化の段階を経たあと、ネガティブな記憶も思い出される。それに伴い、攻撃性もあらわれる。

しかし、喪の作業が決定的に終了したように見えても、喪の再出現を完全に阻止することは困難である。トラウマと関係する日に、「記念日反応[1]」を起こすことがある。

（1）「命日反応」が最も有名である〔訳註〕。

「繰り返される記念日反応」は、トラウマと関係する日に、過剰な不安を抱くことである。これは、対象という観点から見ると、主体のアンビヴァレンツから生じている。トラウマを受けた人から世代を超えて、汎世代的にトラウマが繰り返されることもある。他人の特性や外見を取り入れることを可能とする同一化を支えている要素は、年齢である。子供時代に親を亡くした人にとって、亡くなった親の年齢に達することは、記念日反応を引き起こすことになる。罪悪感は、しばしば、この反応の起源となる。

子供は、自分が親の死の原因だと思っており、運命の日が「回帰」するのを契機に、罪悪感が復活することがある。ポロック（一九七〇年）は、「記念日付近の自殺は、喪失によって引き起こされたナルシスティックな傷に報復しようとしているのだ」と説明している。

こうした喪の悲しみの複雑な面は、喪の作業が終わったと判断することが、いかに難しいかを示している。いずれにせよ、悲嘆を経験した人は、以前と同じではない。また、過去の時間を取り戻すことができるわけでもない。社会が、悲嘆に暮れる人の苦しい時間を尊重し、回復に必要な時間を認めることだけが、良い条件で喪の作業を行なうための手助けになる。

第四章　喪の作業の心理学的分析

親しい人を失なった影響は、いくつかの段階にわけて考察される。まず、訃報を受けてショック状態に陥る。やがて、ショック状態は、悲痛段階に移行する。この段階は、悲しみに耽っているとしても、喪失を消化する時期であり、活動的な時期でもある。そして最後が、抑うつ段階である。抑うつ段階は、情動的、知的、社会的な再備給が可能となることによって終わりを迎えるだろう。

こうした段階は、まさに人生の内面的な航路を構成しており、他人の死という現実を受け入れることに繋がる。また、成熟の階段を上るための個人的な道のりでもある。成熟とは、自身の死を、表象のレベルではなく、理解のレベルで受け入れることである（無意識のレベルで受け入れることは不可能である）。自身の死を受け入れることとは、本質的にアンビヴァレンツなことである。喪の作業が、拒絶と退行、罪悪感、受け入れ、再活動のあいだを定期的に揺れ動くのは、そのためである。喪の段階は、順を追って進んでいくが、時に、同時に起こったり、反対の順番で起こる人もいる。しかし、最終的に行き着くところはつねに同じである。つまり、故人を内面化することである。

I　喪の作業におけるメンタライゼーション論

メンタライゼーション論は、人生における変化全般に対する意識的適応を理解することを手助けするだけでなく、喪の作業における無意識的経過（バッケ、一九二二年）にも当てはめることができる。心理的練り上げを行なうには、三つの段階が必要である。三つとは、表象化、象徴化、意識化（メンタライゼーション）である。

1　表象化――喪の作業における第一段階は、現実を認めることである。この段階は、しばしば初期のショック状態に陥ったとき、それを乗り越えるために必要とされる。

死者を見ることは、生々しいイメージから表象を得ることができるので、喪の意識化に役立つ。しかし、死体を前にしても、否認のメカニズムによって、死という客観的事実を受け入れないこともある。喪の急性期に、こうして立ち往生している状態のことを、プリガーソンは「悪化した喪《ドゥイユ・コンプリケ》の悲しみ」、さらに「トラウマ的な喪《デゥイユ・トロマティック》の悲しみ」（八二頁）と呼んでいる。「死」という言葉を口にしたり、故人について過去形で語られることは、心理的表象の段階が進みつつあることを示している。

2 **象徴化**――故人の死を受け入れ、葬儀を行なうことによって、象徴化の段階が始まる（バッケ、一九九七年）。葬儀によって、象徴化を行なえる程度まで、死に対する無意識的拒絶が弱められるのである。象徴化がうまくいかないと、抑うつ段階に進むことができない。生々しい表象があらわれたときにだけ、逃げ道として、みずからの死が表象としてあらわれる人もいる。まれに、直接的に自殺というかたちをとるが、多くは、間接的に、象徴化の過程がショートカットされ、心的装置による経路を経ずに、身体的に表現することで、死者へと近づこうとする。

3 **意識化**（メンタライゼーション）――意識化が進むと、感情に飲み込まれることなく、故人との出来事を思い起こすことができる。喪の作業が力動的に推し進められていると、未来について考えることができるようになる。

したがって、遺族の内精神的動きと、喪の悲しみを取り巻く出来事のあいだには、相互作用があることは明らかである（バッケ、二〇〇三年）。

Ⅱ 苦痛と抑うつ的情動

喪の悲しみから脱出するためには、必ず抑うつ段階を通り抜けなければならない。

喪失は一方向的な体験であり、喪失前の状態に戻ることなどできない。時間は一方通行であり、つねに終わりを目指して進んでいる。この段階になっても現実を否認する人もいるが、充分に抑制されたかたちにおいてである。たとえば、ある女性は、十五分間だけ現実を離れることがある。彼女は、亡き夫が帰宅していた時間になると、まるで夫の帰宅が少し遅れているだけであるかのように振る舞うのである。こうした部分的な否認は、わずかな時間であるが、当人の苦しみの表出である。彼女は、夫が既に死んでいることを充分に知っているが、ほんの少しの間だけ保留して、手つかずの思い出とともに安らぎを取り戻すのである。

心理的苦痛は、複数の要素によって構成されている。

・対象との不本意な離別、欠如の感覚
・欠如による孤独と、それから生じる悲しみ

悲しみは、自分自身や周囲に対して欲望を抱くことを不可能にする。生命の躍動を失ない、無感動、無気力、閉じこもりがちになる。身体的にも損なわれ、不眠、食欲不振、疲労が、心理的苦痛を悪化させる。自己評価の低下によって、死について考える。自己評価の低下は、以前からあったわけではないので、喪失に対する反応であると考えられる。自分が死ぬことなく喪失を受け入れるためには、罪悪感から脱出する作業へと向かわなければならない。

1　リビドーの脱備給――フロイトによれば、「喪の悲しみは、思い出や期待に結びついた対象に、リビ

ドーが過度に備給されている状態で、喪の作業とはリビドーを引き剥がすことである」(『悲哀とメランコリー』)。重要なのは、すべての思い出を一つ一つ元に戻すこと、喪失という現実に立ち向かうこと、故人に結びついた対象から脱備給することである。落胆やノスタルジーに立ち向かうとは、「もはや彼はいない」という現実を過去の思い出と結びつけることである。それは、痛みを伴う気の長い道のりであり、しばしば「記憶のいくつかは、何度も意識へと戻ってくる」(アヌス、一九九四年)。いかなる対象との関係でも、脱備給の歩みの影響を受けていないものはない。引きこもりは、自分以外のすべてに対する無関心であり、現代的な拒絶である。

2 アンビヴァレンツの復活――通常、愛と憎しみは同居しながら、バランスを保っているが、パートナーの死によって、このバランスが崩れる。喪失後しばらく、(良い思い出に執着したり、長所を賞賛することで) 故人は理想化されるが、死者への愛は不毛であるため、それまで無意識に押し留められていた故人に対する攻撃的な感情が復活する。

しかし、理想化に対する反動は長続きしない。ようやく故人に向けられた非難は、すぐに罪悪感へと変化する。破壊願望が、自分に降りかかってくる。突き詰めれば、自分自身へと戻ってくることもある。つまり、対象の喪失は、自我の喪失へと形を変え、メランコリー的な悲しみとして回帰するのである。フロイトによれば、こうしたケースでは、リビドーは充分に対象から引き離されているが、リビドーは新しい対象へと備給される代わりに、自我へと集約されている。そして、自我は死の対象へと同一化しているのである。

アンビヴァレンツが許容されると、故人と自分との差異を認めることができる。メラニー・クラインは、それを子供の抑うつ体勢の終焉と表現している。子供は、抑うつ体勢を通してのみ、母との融合的な段階を終わらせることができるのである。

3 失なわれた対象の内面化——失なわれた対象が内面化されることは、故人から離別することへと繋がる。

内面化は、夢の作業と、故人の記憶を思い出すことによって進められる。故人の写真や痕跡、遺物を探すことも、この作業を助けてくれる。

内面化は非常にゆっくり進んでいくため、遺族の内面において、故人がしばらく「生きながらえる」ことになってしまう。これが体内化《アンコルポラシオン》と呼ばれる作用である。この作用について詳細な検討を行なったのは、マリア・トロクとニコラ・アブラハム（一九七二年）である。

「喪失のトラウマは、失なわれた対象を自我の中に体内化するという解決法を導き出す。自我が部分的に同一化しているところの体内化された対象は、リビドーの経済的バランスをとって、脱備給を手助けしてくれる。これは、ある種の時間稼ぎである。気持ちにけりを付け、「彼はもはやいない」と決定的に宣言する代わりに、自分自身が失なわれた対象になるのである。そうすることで、少しずつ練り上げる時間を稼ぐことが可能となり、対象から離脱することができるようになる」。

したがって、内面化は、対象との再切断を手助けする、脱備給への前奏曲である。これは、次のような二つの段階を踏んで進められる。

・対象の内面化の段階

・遺族と故人を結びつけている関係を引き離す段階

4 故人への同一化——同一化とは、ある人の資質や特性を無意識的に取り込むことである。フロイトによれば、「同一化は、情動的執着の最も原始的なかたち」であり、人格構造を作り上げるための基本過程のひとつである。喪による一過性の退行期のあいだ、失なわれた対象の内面化は、同一化にまで至る。これは、故人を完全に失なわないための企てである。故人の動作や言葉を思わず使ってしまうことは、同一化のひとつの側面である。故人のイントネーションや、表現、判断などが口からこぼれることもあるが、本人は無自覚なこともある。驚愕反応によって、古くからの信仰に目覚めたり、幻覚を見たり、さらには幽霊の存在を信じ込む人もいる。こうした例は、本人が故人に対して無自覚に同一化している場合だが、望んで同一化が行なわれる場合もある。アルコールは、故人の特徴を自我において取り戻すことを手助けしてくれる。故人を真似て化粧をすること、故人の服を着ることも同じである。配偶者を亡くした人の多くは、故人の活動を仕事にしたり、信条として取り込んで生活している。病的な同一化は、ヒステリー人格において特異的に見られ、喪の悲しみが精神病化する土壌となってしまう。

5 罪悪感——喪の悲しみは、人格水準にかかわるほどの深い退行を引き起こすことがある。喪失という現実を認識することで抑うつ段階に入るが、この段階で、罪悪感を認めることは普通である。
・意識的には、「私は、彼をそれほど大事にしていなかったのではないか」、「きっと、私は彼を本気で助けようと思っていなかったのだろう」という考えが生じる。こうした考えは、大災害で多くの人が死んだにも関わらず生き残ったという人に起こりがちである。多くの人が死んだとき、生き残った人は、死んだ人たちとの感情的な結びつきを強め、ほとんど「融合」していると言えるほどになる。これが、罪悪感の原因となるのである。生き残った人は、「みんな死んでしまったが、自分は生きている。なぜこんな不公平なことが起きたのだろう」と自問する。その苦しみがあまりにも強いため、決定的に逃れるために、死者を後追いしたいと思うほどである。生き残った人は、自己の同一性を喪失し、死者の中にみずからの居場所を見いだすほどの混乱に陥ることがある。
・無意識的には、故人に抱いていた欲動のアンビヴァレンツが問題になる。アンビヴァレンツは、悪夢や、故人の出現として解釈されるような幻影においてしか表現されない。死者の回帰は、「超自我の死」と関係がある（バッケ、一九九六年）。つまり、故人が検閲や、判断の役割を担っていた場合である。こうした場合、みずから処罰を求めたり、償いに執着することが起こる。ここでは、罪悪感は恐ろしい視覚的イメージに姿を変え、悲痛の段階を持続させることがある。幽霊に同一化することで、悲嘆に暮れる人もいる。こうした人は、自分の死の姿を見ているのであり、そこから逃げ出すために、命を絶つこともある。したがって、故人に対して向けられていた死の願望を認識することが必要である。しかし、ほとんどの場合、アンビヴァレンツを認識する代わりに、故人の墓を訪れてお供えをしたり、花を飾ることで、罪悪感を鎮めるのが普通である（墓の起源は、死者を閉じこめるものであったと考えられる）。こうした社会生活における死への参加は、思い出を維持すること、真の回復を得ること以外にも大きな役割を果たしている。節制すること、死者を弔うためにお金を使うことは、心の重荷を和らげるのに役立っている。

まとめると、普通の喪の悲しみは、日常的な抑うつ程度にとどまり、自己評価の低下にまでは至らない。反対に、喪の悲しみが悪化すると、もともとの人格の防衛メカニズムとの関係によって病的となる。

第五章　喪の悲しみが悪化するとき

喪の悲しみは時に悪化するが、その可能性を左右しているのは、時間的要素、年齢、性別、喪失が突然であったか否かといった諸条件である。喪の悲しみは、訃報を受け取った直後のショック段階や、抑うつ段階においてなど、さまざまなレベルで阻害される可能性がある。ショック段階で悲しみを表現できないことからトラウマ化することもあれば、抑うつ段階の途中で、大うつ病に陥ることもある。喪の作業も、先延ばしにされ、抑制されることがある。また、喪の悲しみが慢性化して、再適応できない場合もある。喪の悲しみが悪化すると、たいていの場合、喪の作業が阻害されるが、だからといって典型的な精神疾患に陥るわけではない。しかし、喪の悲しみが悪化した状態が長引くと、本当に精神病的になることがある。

喪の悲しみの病理学は、精神医学的な要素を含んでいる。つまり、喪失を契機に、それまで表面化しなかった病的人格を押し留めておくことができなくなるという観点である。また、事後的に、アルコール関連障害や、身体症状、行動障害があらわれることもある。これまで症状化を逃れていた人格において、親しい人の死を契機に、心理的障害や、身体症状、行動障害があらわれるのである（ベルジェレは、人格とは構造として固定化されたものではなく、「調整された」ものであると述べている）。反対に、喪失に対する鋭敏さは、ボーダーライン（境界例）の特徴でもある。身体的、精神的症状が発現するか否かは、他にもさまざまな要素と関係している。精神発達における表面的な固着、身体表現への著明な退行、遺伝的要因、患者の既往歴なども関与する。

Ⅰ　喪の先送り

現実を拒絶して、過去へと固執することは、よくある防衛のひとつである。当人は現実を否認することでほとんど変わらない態度をとり続けるが、それが周囲の人を驚かせる。たとえば、故人がまだ生きているかのように、服が揃えられ、故人のお気に入りの音楽がかけられ、お気に入りの写真が飾られる。故人に関するあらゆる問いは、慎重に回避され、これまで通りの人生が続けられる。われわれが関わったケースでは、亡くなった夫の「気配」とともに食事を取る未亡人、毎朝息子を学校に行かせるための準備をする母親、死んだ子供の部屋に小さな納骨堂を作って、普段はそこに入ることを禁止し、その部屋にあるものは何も動かしてはならぬと厳命する父親などがあった。

儀式的にかつての状態を続けることだけが、死の否認を維持している。しかし、そうして悲嘆を遠ざけても、儀式はそれを行なう者を徐々に蝕んでいく。喪失のトラウマを再活性化するような出来事があれば、いずれ抑うつに陥ることは避けられない。反対に、儀式の積み重ねが、ついに喪の作業への移行を解禁し、緊張状態を緩和することもある。

II 喪の悲しみが抑制されるとき

喪の悲しみが抑制されると、喪が先送りされた時と同じように、正常な悲しみが表出されない。この場合、当人は喪失という現実を否定こそしないが、喪失に結びついた感情が抑制されている。感情的な混乱があらわれるのは、第二段階になってからであるが、身体症状の背後に隠される。パークス(一九七五年)によれば、喪の悲しみの抑制は、喪の先送りに繋がっている。しかし、喪の抑制のほうが、喪の先送りよりも防衛効果が弱く、身体症状という形で悲しみが表現される。子供、とくにトラウマを負った子供は、興奮と無関心のあいだを揺れ動きながら、抑制的態度をとることが多い。子供は、大人に余計な苦しみを与えないように、大人に同一化することで感情表現を制限している。しかし、悲しみの不在はそれほど長く続かない。謎めいた抑うつ状態の症例に出会ったら、これまで喪の悲しみが抑制されていたのではないかと考えることも必要である。

Ⅲ　慢性的な喪の悲しみ

喪の悲しみに起因する抑うつが、一生のあいだ持続することもある。かつて、未亡人は、喪服で過ごすことで、社会的に特別な地位を享受することができた（喪に服した女性は、援助を必要としている者として周囲に「発見」される）。こうした人は、それほど抑うつ的なわけではない。

したがって、慢性的な喪の悲しみは、いくつかのタイプに分類される。一つは、妄想的な自己非難を伴う抑うつ、つまり、メランコリー型である。

二つ目は、故人の死が明確になっていないとき、たとえば、推定死、失踪、死体が未発見であるといった場合の反応である。死が明確な事実となっていない場合、人は喪の悲しみを成熟させることができない。そのため、抑うつ状態は軽度に留まるが、その代わり、ずっと涙に暮れているのである。

最後に、二次的な利得を受け取るために、悲嘆の状態に留まり続ける人たちについても指摘しておかなければならない。非常にアンビヴァレンツな事態であるが、慢性的な喪の悲しみを呈する人の中で最も多いのは、こうしたタイプの人びとである。

Ⅳ　喪に対する反応的な大うつ病《デプレッション・マジュール》

喪の悲しみが長引く最後の可能性は、喪失に起因する悲しみが強すぎて、最初から大うつ病に陥った場合である。

喪の悲しみを契機に大うつ病に至るという考え方は、アメリカ精神医学会が提唱した操作的診断法のヴァージョン3改訂版（DSM−Ⅲ−R）で最初に取り上げられ、次のヴァージョンであるDSM-Ⅳでも「うつ病によって悪化した喪の悲しみ」として継承されている。現行の国際疾病分類（ICD−10）では、「遷延化した抑うつ反応」と定義される。精神科医向けのマニュアルでは、喪失から二か月以上経っても、自己評価が低下しており、自殺願望を伴う大うつ病患者に対して、治療を行なうべきであるとされている。しかし、DSM-Ⅳは、抗うつ薬は抑うつ感には効果的だが、喪の悲しみにはまったく効果がないことも指摘している。喪失に結びついた重症うつ病が遷延化すると、抗うつ薬が投与されるが、それによって喪の作業から逃れられるわけではない。別の言い方をすると、重症化した抑うつは、喪失を意識化する過程が阻害されているのである（フロイトは、この意識化を情動からの「離脱」に必要な過程であるとみなしている）。喪の作業は、抑うつが固定化されずに、流動性を取り戻し、意識化されることでしか、進めることができないのである。

V　喪の悲しみが悪化する要因

1　喪失以前の関係

――喪の悲しみの性質を根本的に決定づけているのは、遺族と故人のあいだに確立されていた関係である。もし、この関係が不安定で、依存的なものであったとか、葛藤的で、アンビヴァレンツなものであったならば、喪の悲しみは複雑なものとなる。配偶者や子供、両親が亡くなると、無意識に押し留められていた近親者の死への願望が必ず再活性化されるが、喪の作業中に、これは罪悪感へと形を変える。

現代では、配偶者の死を受け止めることは、人生における最も困難な体験である（子供の死はより困難な体験であるが、幸いにも西洋諸国ではまれである）。

一般的に、配偶者の死は、非常に高いレベルのストレスである。老いや、退職、子供の独立など、同時に他の困難な出来事にも直面することが多いからである。こうしたライフイベントの重なりも、悪化のひとつの要因となる。

夫婦生活、とくに熟年夫婦の生活は、同一化によってお互いに支えられている。そのため、強度の結託関係ができあがっているが、その関係はすっかり摩耗しており、配偶者の死によって、故人への攻撃性が長期にわたり継続することもある。ここでも喪を悪化させているのは、対象へのアンビヴァレンツである。故人へのアンビヴァレンツと、強い親近感が混ざり合うので、残された人の態度は分裂したような印象を与える。配偶者を亡くした人が、「まるで体の一部を切断されたようだ」というのは、夫婦が一体であっただけでなく、融合といえるレベルにまで至っているからである。配偶者を失なったショックは、長い時間を経て孤独へとかたちを変えていく。孤独は、それまでの状態に比べると幾分快適である。欠如は、故人の不在を通して具体的に体験されるが、これまでの生活や仕事のリズムが維持できないことにも依拠している。

やもめ暮らしを受け入れることは、大変なことである。やもめ暮らしの物質的な欠乏は、不安定さに追い打ちをかけることが知られているが、その点はしばしば無視されている。時に、経済的困窮が原因と思われる女性遺族の自殺が認められる。

ボウルヴィは、生き残った配偶者に対して、死者が存在感を持ち続けることはまれではないと報告している。これは、感情的な孤独に対峙するための方法である。しかし、夫婦間に真の安心感が築かれていなかった場合、孤独感はそれほど強く体験されない。

ウォルフガング・ストロエーベとマルガレート・ストロエーベ（一九八七年）は、配偶者を亡くした遺族に対して大規模なサンプル調査を行なった。その結果、次のような結果が得られた。

- 配偶者を亡くした遺族は、既婚者に比べて死亡率が高い。死亡率が高い順に並べると、独身者、離婚者、遺族、既婚者である。
- 若年遺族は、死亡率が高い

・男性遺族は、既婚男性よりも死亡率が高い。女性遺族と既婚女性を比較すると、男性ほどの死亡率の差はない。

男性遺族は、女性遺族よりも感情を表に出すことが少ない。また、先に抑うつを呈するのは、女性遺族のほうである。われわれの経験によると、性差は社会的な孤立や、心理的な支えとオーバーラップしており、男性遺族のほうが病気のリスクが高い。

故人が若ければ若いほど、喪の悲しみは重症化する。若者の死（とくに子供の死）は、不公平感、罪悪感、違和感を生じさせやすい。

2 突然の死、非典型的な死の場合——喪の悲しみは、死が予想外であるほど重症化する。ストロエーベは、「死が突然であるとき、遺族は状況を支配する能力がないと自信を失ない、抑うつへと落ち込んでいく」と説明している。突然の死は、日常生活を脅かすほどの動揺を引き起こす。茫然自失となって、再び適応するのに困難さを伴う（他にも恐ろしい出来事が起こるのではないかと再婚などは考えられなくなる）。近親者を自殺によって突然失なうと、悲しみや罪悪感に陥ることとなる（「どうして、自分はそれを予想しなかったのか」と考えてしまう）。

急性疾患や、事故などのために、心の準備ができていない時に、死に直面すると大きな負担となる。こうした場合、救いの不在によって、悲嘆はいっそう重く体験され、トラウマになりやすい。まだ自分が生きていること、故人の死を避けられなかったことが罪悪感となり、他人と充分に話すことができないからである。

非典型的な死因も、遺族に余分な悲痛をもたらす。恥ずかしさ、怖れ、同調性が、遺族を孤立させるからである。死にも「規範」がある。「馬鹿げた」死を受け入れることは、特別な困難を伴う。たとえば、「シャンパンの栓を抜いて死んだ」などということは、人に語ることが困難だからである。

3　死の告知――死が告知される方法によっては、それがトラウマになってしまうことがある。フラッシュバックに悩まされている人の中には、死の知らせを聞いて自分が叫んでいる場面、告知者が死という言葉を口にした場面が、よみがえるという人もいる。見知らぬ人から、愛する人の死が伝えられた場合、それを信じるのは困難である。また、葬儀に参加するために長旅をしなければならないような場合も、死の知らせを信じるのに時間がかかる。

4　悲嘆の年齢差――若い成人が悲嘆に陥ると、高齢者よりも、罪悪感や、不安、身体症状を呈することが多い。
高齢者の悲嘆の特徴は、しばしば初期に見られる否認である。抑制や疲労が社会的な退却を引き起こし、活動性が低下することもある。

「喪を生きる」という遺族を支援する非営利団体が、電話による遺族の相談を受け付けている。彼らによれば、こうしたサービスを提供している団体は、喪の悲しみが悪化した人、病的になった人を、おもに扱っているとのことである（もっとも、こうした人の大多数は精神科医によって治療されている）。「喪を生きる」によれば、女性のほうが男性よりも支援を求める傾向にある（相談電話の九〇パーセントが女性である）。若い人もいれば、高齢者もいるが、大多数は四十五歳以下である。三〇パーセントが五十五歳以上であり、おそらくは定年退職や、子供の独立が重なっている。

彼女らの相談は、パートナーの喪失による、経済的な問題についてである。しかし、エディプス的な問題や（女性が母親の死について相談電話にかけることはまれである）、支持欲求も関与しているだろう。

赤ん坊や若者を失なったとき、それを乗り越えるのは非常に困難である（死の一〇パーセントは十五歳以下である）。五〇パーセントの確率で、死は突然のものとして体験される。

5　繰り返される喪の悲しみ――人は、立て続けに近親者を亡くすと、人生の難局を乗り越える能力を失なってしまう。まだ喪が終わっていないのに、新たな死を体験すると、以前の喪の悲しみも再び活性化される。喪失体験が重なると、自我への信頼感が失なわれ、しばしば耐え難い打撃を受けることがある（ある女性は五年のあいだに、一八回もの死に遭遇し、これ以上の「運命の攻撃」に対して持ちこたえる自信を失なっていた）。喪が何重にも掛け合わされることで、リビドーの備給が失なわれ、世界の終わりに自分だけが生き残っているかのように感じてしまう。

6　健康への影響――健康状態が悪いときに喪を体験すると、さらに健康が悪化する可能性がある。喪の悲しみは、アルコール依存症や、ニコチン依存症など、不安症状を悪化させるような行動に陥らせがちである。当人にとって、(スピード超過運転や、繰り返し危険な行動をとるなど)リスクを取ることは、むしろ死を否認することと同じである。一種の挑発であり、死を探し求めているのである。

7　**就業状態**――働くことは、プラスに働く。ただし、過重労働や面白みに欠ける仕事の場合はその限りではない。むしろ、悪化の要因となるのは失業である。失業は、新たな喪失を積み重ねることになるからである。

8　**共同体による儀式**――共同体による儀式は、悲しみの悪化を防ぐのに大きく役立つ。ただし、この儀式自体が当人の罪悪感を高め、より孤立させてしまう場合はその限りではない(アフリカのある種族では、未亡人を「魔女」とみなし、その力を制限するために、宗教的な理由を付けて村から追い出すことがある)。戦争や大災害の時には、集団的な喪の悲しみを悪化させないように、宗教的、軍隊的、市民的な儀式を行なうことが重要である。

9　**喪を悪化させる環境要因**――喪を悪化させる環境とは、感情的な表出を受け入れず、遺族を罪悪感のうちに押し留めるような環境である。反対に、思い出を再考察し、それを受け入れることを援助する環境は、非常に助けになる。周囲の人が、子供に真実を伝えない、故人の墓を訪れることを提案しない、故人の死について何も説明しようとしない場合は、喪の悲しみが悪化する。沈黙も、同じ程度に悪影響を与える。遺族を支援するグループ、家族や友達と悲しみを共有するグループは、悲しみを悪化させないための現代的な方法である。このようなグループは、ある意味で、かつての村単位のコミュニティの代わりになっており、死後数年間にわたり、遺族を支えている。また、命日に集うことは、遺族にとって、自分の状況に境界線を引くことになり、これを境に、一人で自分の道のりを歩んでいこうという気持ちを起こさせる。

第六章　喪の悲しみの病理

喪の悲しみの病理とは、それまで平穏に過ごしてきた人が、喪をきっかけに病気に陥ることである。いわゆる精神科疾患、喪の後で生じた身体疾患、有害行動などが、喪の悲しみの病理である。しかし、喪の悲しみが精神病に移行することはまれである。喪の悲しみの病理といえば、そのほとんどは、それまで適応してきた人が、今までとは異なる人生を歩むようになったことを指している。親や子供、配偶者はナルシシズムの源泉である。したがって、これらを失なうことは、「大人の関係」（自立と相互性）を築くことを阻害し、未分化の幼児的なトラウマを再活性化させてしまう。大うつ病が育まれるのは、そうした機序においてである。人は、欠落状態、無力感、破壊感情と比べると、罪悪感のほうがましだと感じるものである。

したがって、喪の悲しみの病理は、遺族の人格に直接的に起因している。喪の悲しみに影響を与えているように見える要素は、むしろ「喪の病気」を引き起こす人格レベルの病理のあらわれであることがほとんどである。この違いを、しっかりと区別しなければならない。

I 精神病的な喪の悲しみ

喪失に対する反応として、精神病を発病することはまれである。しかし、精神病家系、神経症家系で、まだ症状化していなかった人が、ついに発症に至るということはある。

1 ヒステリー的な喪の悲しみ――ヒステリーは、よく知られた神経症である。ヒステリーでは、欲動、とりわけ性的な欲動を現実的、幻想的に実現することが阻害されている。つまり、性的なものを目指されたエネルギーが、抑圧され、無意識の次元へと押しやられている。その結果、性的なエネルギーが、無感覚、疼痛、チック、腕の麻痺といった症状へと「変換」されるのである。喪の時には、ヒステリー者は、故人に対して病的に同一化し、故人の行動や身体的特徴を、無意識的に、みずからの身体であらわすのである。このヒステリー症状は、抑うつを長引かせる。さらに、ヒステリー者は、故人に「追いつく」ために、希死念慮を呈したり、自己破壊的な行動を取ることがある。ヒステリーを治療するためには、まず患者自身が何を問いかけているのかという問いから始めなければならない。一般的に、彼女（たいていは女性である）が問いかけることは一つに集約される。それは、自分が故人に見捨てられたかどうかである。ヒステリー者に分析的な治療を行なうことは、きわめて適切である。子供時代の葛藤に接近し、現在の喪の悲しみが停滞しないようにすることが目指される。

2　強迫的な喪の悲しみ――強迫的人格の場合、度を超した表出が見られないことが、喪が悪化していることを示す指標となる。

この人格の特徴は、みずからの潜在的攻撃性に対する不信、周囲の人びとを支配し、所有したいという願望を打ち消すための反動的行動である。彼らは愛の対象に対しても同じ態度をとる。愛の対象は、アンビヴァレンツである。つまり、快を与えてくれるだけでなく、「サディスティック」でもあり（快楽を得るために特殊な儀式を完遂しなければならない）、しばしば、愛の対象自身も死の欲望の支配者である。強迫者は、愛する対象を喪失すると、まず罪悪感にさいなまれる。喪の作業は、かつての死の欲望に対する反-思考《コントール・パンセ》や、故人の心的イメージによって阻害されている。そして、繰り返されるシナリオは、徐々に強迫者を蝕み、それによる疲労感が、精神衰弱を引き起こすのである。この時、強迫者は、死のほうへと「流れる」傾向にある。それを機に、強迫者が社会から離脱することもまれではない。しかし、最初に注意しなければならないのは、自殺念慮である。強迫者の無意識は、非常に強い不安に満ちている。こうした病的不安から逃れるために、強迫者は（強迫行動という）合理的な解決法に身を委ねるのである。不安から逃れる方法として、死は有用な方法であるとみなされている。強迫者は、死ぬことだけが唯一の解決であると信じており、それを周囲に納得させるために、実際に死ぬこともある。

強迫神経症は、最も重い心理的病理のひとつである。これを治療するためには、抗不安薬や抗うつ薬が用いられるが、精神療法や精神分析も適している。しかし、喪の時期の強迫的機能不全は、強迫行動を治療するうえでも最も困難な時期である。患者は、障害の重篤さをよく理解しているが、治療が不可能であるという気持ちは持続している。したがって、治療による効果が最大限にあらわれるまでは至らない。高い確率で失敗に終わる。

3　躁的な喪の悲しみ――躁的な反応は、長くは続かない。外向的な昂揚感は、比較的速やかに、悲痛やメランコリーへと変化する。死を契機に躁状態に転じることとは、否認の段階に留まることである。こうした人は、通常の落胆と反対に、過度に興奮して、(まれではあるが)全能的、神秘主義的な妄想を披露するのである。躁的否認は、基本的に死の情動的な側面へと向けられている。苦痛の不在、誇大妄想、死に対する勝利感情(しばしば死者に対する勝利感情)は、一過性のものである。死の重要性を否定することが、攻撃性へと転じることもある。罪悪感は生じない。罪悪感の出現は、躁的気分が、メランコリーへと移行しつつあることを示している。

4　メランコリー的な喪の悲しみ――メランコリーは、喪の悲しみの抑うつが、妄想的なかたちを取ったものである。アブラハムとフロイトは、メランコリーと抑うつの違いを強調している。彼らによれば、メランコリーの特徴は、罪悪感の高まりと、自己評価の低下である。メランコリー者は、叱責や侮辱を受け、激しく罰せられることを求める。メランコリー者は、親しい人の死によって、自我を構成していたナルシスティックな要素の肯定的な部分をすべて失なったように見える。反対に、否定的な要素は持続し、これ見よがしに前面に位置づけられる。（躁状態もだが）自殺を防ぐためには、入院が必要である（残りの家族と心中することもある）。急性期は、薬物療法と精神療法が併用される。精神療法は、落ち着きを取り戻したときに、妄想の理解を助け、今後の喪失の際により良く防衛するための足場を築くのに役立つ。

II　急性期における悲しみの停止――トラウマ的な喪の悲しみ

トラウマ的な喪の悲しみ《ドゥイユ・トロマティック》は(1)、ボーダーライン（境界例）と呼ばれる特別な人格と関係している。ボーダーラインとは、明らかな病理を呈しているわけではないが、（前性器的な）心理的未成熟さを有している人格のことである。ボーダーラインは、就職や、家庭を持つことでは問題が生じないどころか、むしろ過剰に適応している。しかし、一方で、情動的備給に対して非常に鋭敏である。これは、一般的に、最初のナルシシズムの不全感を埋め合わせようとしているのである。親しい人の喪失は、重篤な抑うつを引き起こすが、意識化されることはほとんどない（心的次元において表現されることが少ない）。おもな症状は、償いの対象を強迫的に探し求めるなど、行動面においてあらわれるか、身体症状としてあらわれる。

（1）トラウマに関する理論が錯綜しているのは、トラウマという言葉が、おもに二つの意味で用いられるからである。一つは、精神分析的な意味でのトラウマである。これは、幼少期の離別の体験が、大人の人格構造に影響を及ぼしているという意味で用いられる（これは、過去から未来への一方通行の関係ではない）。したがって、「トラウマ的な喪の悲しみが、ある特定の人格と関係している」といえば、それは、精神発達の段階における幻想的な母との離別という事態に、強く執着している人格が想定される。もう一つは、事実としてのトラウマ的な出来事である。大災害や事故などの影響で、のちに何らかの症状を呈する場合である。したがって、「トラウマ的な喪の悲しみ」（ドゥイユ・トロマティック）といえば、「悲劇的な出来事によって愛する人を失ない、その影響が喪の悲しみに影響を与えている」ことが想定される。この二つのトラウマが混同されるのは、子供の場合、幻想的な離別によるトラウマと、出来事としてのトラウマが明確に区別されていないからである。しかし、大人の場合も、出来事としてのトラウマによって悲しみに陥っているときに、幼児期の離別のトラウマが想起されるなど、この二つのトラウマが完全に分離しているわけではない。精神医学（あるいは心理学）の妙味は、この二つの悲しみをトラウマという一つの言葉であらわすところである。しかし、理論的な探究を目指している読者以外は、この二つのトラウマは別のものであると考えるほうが、理解しやすいだろう〔訳註〕。

ボウルヴィ（一九六一年）は、病的な喪の悲しみに陥りやすい人格について検討を行なった。彼によれば、幼少期より、両親に見捨てられる脅威に曝されていたために不安を呈し、アンビヴァレンツなかたちで両親に執着していた子供は、病的な喪の悲しみに陥る危険性が高い。コリン・ミュレイ・パークス（一九八六年）は、喪の時期に重大な反応を引き起こす「悲壮傾向人格《グリーフ・プローン・パーソナリティ》」というものを想定した。いずれにせよ、こうした人の特徴は、安全を感じられないこと、根強い不安、自己価値の脆弱性、怒り、罪悪感などである。ある種の人格と、病的な喪の悲しみに関連性が存在するという考え方は、あらゆる研究者のあいだで支持されていた。名前こそ付けられなくても、こうした人格はよく知られていた（ジャン・ベルジェレ）。

トラウマ的な喪の悲しみは、むしろ「喪失によって引き起こされたトラウマ的な苦痛」と呼ばれなければならない。たとえば、自分のそばで爆弾が炸裂して仲間を失なった兵士は、まず、衝撃の暴力性によってトラウマ化され、その後、仲間の死によってトラウマ的な苦痛を生きるのである。既に余命が宣告されていて、すっかり病院で死がお膳立てされていたとしても、夫を失なった女性はトラウマ的な苦痛を感じる。喪の悲しみに結びついたトラウマ的な苦痛は、人格を構成している二つの要素に起因している。

・喪失は、その人の防衛限界から溢れ出し、心的、身体的苦境へと追いやる。
・喪失によって生じた離別は、非常に強い不安を引き起こす。

「喪失によって引き起こされたトラウマ的な苦痛」という概念は、非常に本質的な考え方である。というのは、プリガーソンによれば、この概念は、身体的、心理的疾患を含むものだからである。

人生全体における喪の悲しみの有病率は、平均で一〇・四パーセントである（女性は一六パーセントで、男性は三パーセントである）。しかし、これは西洋諸国の数字であり、調査によって、その数字にはバラツキがある。平均で、一七パーセントが悪化し、五パーセントが病気になる。悪化率を高める要因としては、若い時に両親を失なうこと、亡くなった人の数（多くなるほど増大する）、「大事な」人を亡くしたかどうかが重要である。また、死が突然に、暴力的に訪れることも、悪化の要因となる。

喪の悲しみには、性差の違いがある。男性の場合、身体症状、自殺念慮、繰り返される故人に関する思い、苦渋感が、より多く出現する。女性よりも症状化することが多く、喪失体験から三年たっても増加する。男性の場合、治療場面で、幼少期のことが想起されることが多い。プリガーソンが一九七七年に行なった調査によれば、男性には、補助的な社会心理学サポートが適している。幼少期的な執着（最初の対象へとの関係を求める）、愛の対象への依存、ナルシシズムの脆弱性が、喪失を支える能力を制限していると考えられる。トラウマ的な喪の悲しみは、みずからのナルシシズムを守る防衛機能によって、人格が形成される時期にまで退行を引き起こすのである。

1　トラウマ的な喪の悲しみと、長期的な健康へのリスク——一九九七年、プリガーソンは、トラウマ的な喪の悲しみについて、一九五〇人の配偶者を亡くした男女（平均年齢は六十二・四歳、平均年齢差八・三歳であった）を対象に、故人の死後、六週間、六か月、十三か月、二十五か月後の四回にわたってスケールを用いて評価した（特殊な死因を除く、病院での死亡ケースに対して許可を取って調査を行なった）。

調査は、身体的健康、心理的健康の両面に対して行なわれた。結果は以下の通りである。

・トラウマ的な喪の悲しみの症状[1]の有無によって、喪の悲しみの遷延化が予見できる。

・五七パーセントの患者が、死の六週後にトラウマ的な喪の悲しみを呈した。十三か月後には、六パーセントに減少し、二十五か月後には、七パーセントであった（トラウマ的な喪の悲しみは、最初の六か月で大きく弱まると言われているが、その後、改善が減速することになる）。抑うつスコアは、同様に減少していた（七五パーセントから三五パーセント）。反対に、不安症状は変化していなかった。

・六か月後に発見されたトラウマ的な喪の悲しみは、喪失から十三か月後の摂食行動の障害をよく予見していた。

・二十五か月後の癌の有病率は、トラウマ的な喪の悲しみを呈した人が優位に高かった（一五・四パーセント対〇パーセント、P値＝〇・〇〇〇二）。調査開始時において、癌が発見されていなかったことから、喪の悲しみが、癌の進行に影響を与えると考えられる。

・心臓疾患の増加も、有意に上昇していた（一九・二パーセント対五・二パーセント、P値＝〇・〇三）。

・煙草依存についても同様の結果であった。

（1）「トラウマ的な喪の悲しみの症状」という言葉は、奇妙な言葉である。トラウマ的な状況によって引き起こされた症状は、抑うつを中心とした非特異的なものだからである。しかし、プリガーソンは、「トラウマ的な喪の悲しみ」（トラウマティック・グリーフ）を、死へのとらわれ、泣き叫び、故人の探索、死の事実の懐疑、当惑、死の否認などを、独自のスケールを用いて項目化し、症状レベルで定義した。これは、筆者やプリガーソンらが提案する、トラウマの「第三の意味」である。しかし、プリガーソンの「トラウマ的な喪の悲しみ」は、単に「悪化した喪の悲しみ」に過ぎないのではないかという指摘も根強く、トラウマという言葉の意味には含めないのが一般的である。「トラウマ的苦痛」（スフロンス・トロマティック）という表現も、症状レベルの意味で用いられている〔訳註〕。

この調査によって、トラウマ的な喪の悲しみを呈している人は、喪失から六か月後に最も多いことがわかった。一年後には、明らかに減少しており、喪の悲しみを呈していたのは、六パーセントであった。また、喪失から六か月後のトラウマ的な喪の悲しみは、身体的、行動的な脆弱性を先取りしており、癌の進行、心臓疾患、食行動の変化、ニコチン依存などを増加させることが明らかになった。今後は、喪の悲しみが免疫機能に与える影響についての調査が求められる。

2　トラウマ後的な喪の悲しみ——トラウマ後的な喪の悲しみ《ポスト・トロマティック・ドュイユ》(1)は、自分が死の脅威を体験した時に、他人が死んだことによって生じる（集団事故、ともに人質になっていた人が殺される、大災害で多くの人が死ぬ、あるいは、自分が乗るはずだった飛行機が事故に遭って多くの人が死んだ場合も含まれる）。必ずしも、故人が同じ場面を共有したとは限らない。故人が、まったく部外者であることもあり得る（バッケ、二〇〇三年）。しかし、潜在的に同じ運命を共有していた人が亡くなり、自分は運良く逃れることができたという考えは、犠牲者とのあいだに、共感や投影によって親近感を生じさせる。「同一化」による犠牲者は、しばしば表面からはわかりづらく（これを「身代わりのトラウマ（トロマティズム・ピカリオン）」と呼ぼう）、非常に古典的な障害（繰り返し放映されるトラウマ的映像、抑うつ、不安）であるため、医師がトラウマ的なものであることを見抜けないことがある。たとえば、二〇〇一年九月十一日にワールド・トレード・センターを襲ったテロのとき、繰り返し放映される映像のために、多くの視聴者がトラウマ化した。メディアがダイレクトに不安を煽るコメントを流すことも、トラウマ化を誘発する。テロの現場をレポートするジャーナリストは、地球上で起こっていることを伝えているつもりが、みずからのトラウマを伝播しているだけになっている。福島での大惨事では、ジャーナリストに帰国命令が出された。もしも、そのまま現地に滞在していれば、彼らは、レポートを渇望している視聴者を文字通りトラウマ化したであろう。したがって、大災害のときには、ジャーナリストの直接的介入を抑制し、距離をとることができる専門家を派遣することが重要である。そのほうが、ジャーナリスト自身も、出来事の犠牲者にならずにすみ、心理的なサポートを受けることができる。同じく、映像の責任者は、みずからの職業倫理に照らし合わせて、情報を伝達することが必要なのか、もしくは情報のトラウマ的影響を考慮して避けるべきなのかを判断する力を身につけなければならない。

当人に直接的な死の脅威がまったく予知されていなかった近親者が急死した、親しい人が失踪したという知らせも、トラウマ的な苦痛を誘発する大きな要因である。それにより、当人は無力感に陥り、情動的な結びつきを急に絶ってしまうが、これらが回復するのは、現実を家族的、社会的に認識し、それを受け止めたあとである。最初の段階で、喪の作業が難航し、遅れているように見えても、次の段階は、より通常の経過をたどる。実際、他人の死は、無意識的に自分の死であると受け止められ、ナルシシズムの崩壊へと繋がる。そのため、精神療法的なサポートが必要である（バッケ、二〇〇五年）。

（1）ここでも、「トラウマ」という言葉の多義性を考慮しなければ、道を見失ってしまう。これまで語られていた「トラウマ的な喪の悲しみ」は、悲しい出来事の重大性が充分にトラウマを引き起こすレベルにあるという意味で用いられている。一方で、ここで「トラウマ後的」と記述されているのは、充分にトラウマを引き起こしうる出来事と、プリガーソンらが定義する「症状レベルでのトラウマ」が揃ったうえで、さらに喪失から遅発性に症状があらわれる事態が想定されている。もちろん、PTSD（心的外傷後ストレス障害）を念頭に作られた造語である〔訳註〕。

トラウマ後的な喪の悲しみでも、他のトラウマ症候群と同じように、喪の作業が妨害される。死の脅威によって引き起こされた茫然自失状態によって、当人は喪の悲しみを感じることができない。生き残った罪悪感、死の脅威、おびただしい数の死者、死の暴力性による自己喪失感が、それを言語化することを阻むのである。抑うつ感は、あまりに重大な出来事の背景に、すっかり隠されてしまう。

トラウマ後的な喪の悲しみは、トラウマ（トラウマ的情景の無情に対して、空虚感と熱望を感じることで生じる）と、喪の悲しみのあいだに競合があることを示している。喪の悲しみは、その人の歴史を物語る象徴や、思い出を探すことで、解決されることが多い。

したがって、トラウマ後的な喪の悲しみは、独自の症状的なまとまりであると見なすことができる。これは、以下の点から、通常の喪の悲しみと区別される。

・通常の喪の作業の場合、強烈なノスタルジーが、思い出探しとして自然にあらわれる。

・反対に、トラウマ後的な喪の悲しみの場合、トラウマ的な記憶は、苦しい死の不安を再活性化させてしまうため、追いやられている。

3　癌と喪の悲しみ——プリガーソンらは、古代より死について語り継がれてきた伝承を疫学的に確認した。

既に、ガリア人の時代に、夫を亡くした女性の（現代でいうところの）癌がより進行することが観察されており、「不吉」であると記述されていた。癌は、つねに人類の関心事であった。もし、古代からの伝承がなければ、癌と喪の悲しみのあいだの直線的相関関係は見いだされなかったであろう。喪に関する一連の出来事は、発癌性を高める要因の一つである。また、喪の悲しみによって、癌は悪化することがある。抑うつが持続している人は、自分に対して無頓着になっているので、癌の発見が遅れるとも言われている（バッケ、一九九七年）。喪の悲しみの最中に、癌が発見されることもある。親しい人を失なった人と同じように、癌患者が医療機関を受診するのも、新しい状態に適応し、何らかの諦めの心境に達したあとである。そこで患者が行なうことは、新しい人生に再備給することである（バッケ、二〇〇五年）。しかし、病気が完治するものであろうと不治のものであろうと、自分の癌が、ある種の成熟をもたらすことを知っている患者は少なくない。

4　**心臓疾患と喪の悲しみ**――喪の悲しみの影響は、癌よりも、心血管系疾患のほうが明白である。一九六九年、パークスは、男性遺族の三人のうち二人に、心血管系疾患が見られると報告した。一九七七年にリンチが、一九八三年にコプリオ、コスケンヴオが同様の報告を行なっている。メールストロームは、十年間にわたり、三六万人を追跡調査して、男性遺族の平均寿命が、同い年の既婚男性（平均五十歳）よりも三・一年短いことを報告した。男性遺族の死亡率のピークは、最初の九か月である（女性においても、心血管系のリスクは増加する）。サリム・ビラニーら（二〇〇七年）は、たこつぼ型心筋症と呼ばれる心理的な原因によって生じる心筋障害を報告している。この心筋障害は一過性で、数時間後に正常に戻る。たこつぼ型心筋症は、近親者の死、とくに配偶者の死に続いて観察されることが多いと言われている。

5　**依存行動と喪の悲しみ**――アルコールの病的摂取は、さまざまな要因に由来している。アルコールは最もよく知られた自然の鎮静薬である。喪の悲しみが始まると酩酊しやすくなることは、よく知られている。アルコールは、「忘れる」ことに役立っている。しかし、この忘却傾向は、一過性のものである。現実に向き合うことを拒絶するために、飲酒を繰り返すことになってしまう。男性遺族の場合、アルコールの摂取量が増加することが確認されている。女性でも、比率は下がるものの同じである。アルコール依存症は、第二期において抑うつを悪化させ、健康を損なう。また、罪悪感や羞恥心を高め、自殺に対する抑止力を低下させる。

男性はアルコールにのめり込むが、女性は向精神薬（とくに抗不安薬）へと向かう者が多い。向精神薬も依存状態を引き起こす。しかし、向精神薬の場合、ただ消費されているのではなく、医師が患者の悲嘆を評価して、処方しているのである。女性のほうが、男性と比べて健康状態が良い理由のひとつがここにある。

これまで述べたように、喪の悲しみに陥っている人は、死亡率、疾病率が上昇する。おもに、心血管系疾患のリスクが上昇するが、免疫力の低下や、セルフケアの低下によって、慢性疾患のリスクも高まる。また、本人の人格の影響を受けて、精神医学的、行動的、身体的な障害が生じることもある。これらを予防するためには、医師や専門家によって人格的リスクを評価することである。しかし、このリスクは、長期的に患者の側に寄り添う医療者によって評価されなければならない。また、多くの人は、子供がトラウマ化して、喪失が未来に影響を与えることを避けたいと考えているので、人格的なリスクについて知りたがっていることを覚えておこう。

第七章　特別な喪の悲しみ

前述したように、正常な喪の作業を遂行するための能力は、個々の人格に最も左右される。これから取り上げる要素は、喪の作業を阻害する因子である。現代では、エイズ患者のように自分の死を先取りしている人たちがいる。こうした死の特徴、その暴力性については、別のかたちで取り扱われなければならない。また、頻繁に死に直面する職業も（医療者、葬儀屋、救助隊員、兵士など）、あらためて扱われるべきである。それから、死の確実性が保証されていない行方不明の場合、喪の過程は妨害される。精神発達遅滞者や精神障害者は、自分自身の死の表象機能においてしか、近親者の死を現実のものとして受け入れることができない。

I　トラウマ症候群と喪の悲しみ

喪の悲しみがトラウマ化する要因と、喪失自体のトラウマ的側面については、はっきりと区別されなければならない。前者には人格が関与しており、後者は、喪失が与える身体的、精神的、社会的な暴力性の問題である。

さらに、後者には自然災害（地震、火山の噴火、津波、洪水）や、人的災害（戦争、テロ、強姦、殺人、自殺など）が含まれる。まず、最初にしなければならないのは、この二つの次元をしっかり区別することである（バッケ、二〇〇六年）。実際、（もちろん、それだけではないが）暴力の「犠牲者」の多くを、一部の人格が占めるのも事実である。テロや大量殺人を目撃した人を調査すると、すべての人が同じ後遺症を示すわけではない。子供時代にトラウマ的な出来事を体験した者は、後遺症を呈することが多くなる。女性は、男性より影響を受けやすい。また、過去に精神科的問題（抑うつ障害）を呈した人は、トラウマから一年以上たっても影響を受けやすいことが知られている。

トラウマ神経症は、もはや用いられてはいない概念だが、こんにち、その代役を果たしているのはPTSDである（ボロワ、一九八八年）。ストレスという概念は乱用されており、不適切に用いられていることが多い。実際、カノンが記述したストレスに特異的反応というものはない。むしろ、トラウマ後に反応がないことがPTSDの特徴である。われわれは、ストレスを不完全な概念だと考えているが、アングロ・サクソンは、この言葉を頻繁に用いている。喪の悲しみを扱う臨床家の誰もが、ストレスという言葉を知っているほどである。ストレスという概念に、とくに欠けているのは身体症状である。身体症状は、大人にも出現することはあるが、子供にはより頻繁にあらわれる。また、ほとんどの場合で、睡眠障害があらわれ、消化器症状もよく見られる。皮膚症状が出現することもある。単なる湿疹だけでなく、乾癬、脱毛症を呈することもある。

II　トラウマ的状況において、子供が近親者を失なうこと

子供の喪に影響を与える要素は、子供の年齢、トラウマの性質、生き残った親との関係である。これらは、ショックの長期化を予測する判断基準となる。残念なことだが、ルワンダにおけるジェノサイド、アルジェリアで起こった残虐行為など、世界の至るところで、子供が親を失なっている。フランスでも同じである。トラウマ的状況が、子供の喪を悪化させる要因は、次の通りである。

- 唐突な喪失。暴力的に命が失なわれたとき。その死が「異常」な特徴を有しているとき。
- 社会集団による支援はもちろんのこと、家族的支援環境さえ充分に構築されていないとき。
- 家族の経済状態が極端に変化するとき。
- 社会集団や家族が意気消沈しているとき。
- 家族内でコミュニケーションを取ることが困難なとき。
- 広い意味での社会集団からサポートが得られないとき。

1　トラウマ化した子供の年齢——子供は、若ければ若いほど、自分の感情を言葉で表現することがで

きない。そのため、近年まで、医師や心理士、教育者らは、子供が何も言わないからには何も感じていないのだろうと考えていた。こんにちでは、どんな治療者でも、おもちゃ遊びや、絵を描かせること、亡くなった人に手紙を書かせるなど、子供と意思疎通するためのツールを利用している。

2 トラウマの性質――近親者の死に伴うショック状態は、トラウマ的な状況によって倍増される。不安が身体症状へと置き換えられることもある（たとえば、地雷で足を失なった子供の場合など）。この状態は、喪の作業を阻害する。多くの人が亡くなったり、殺されたときには、不安が先取りされることで、事態が否認され、あらゆる喪の作業がストップしてしまうことがある。

3 生き残った親との関係――残った親の性格は、子供における喪の表出に関与する主要なファクターである（バッケ、二〇〇六年）。親との関係は、情動的であると同時に経済的でもある。というのは、物質的困窮のほうが、優先されるからである（その日その日を生き抜くことが、悲しみを表現することより重要である）。残った親の性別は、子供の同一化に大きな影響を与えるので重要である。生き残ったのが母親ならば、悲しみは外部に表出されやすく、子供の表現は豊かになる傾向にある。反対に、母親が亡くなったときには、子供は父親に同一化し、悲しみの表出も少なく、よそよそしい態度になる危険性がある。また、父親が生き残った場合、心理学的な援助を求めない傾向がある。

Ⅲ　トラウマ的条件において、喪失を体験した大人

トラウマ的な状況で近親者を亡くすと、喪の悲しみが悪化するが、急性期には、むしろ喪の悲しみが妨げられる可能性がある。こんにち、あらゆる専門家たちが指摘するように、援助を求めることができない状態が続くと、残された人は、いつまで経っても喪の作業を再開することができない。このような生理学的・心理学的な機能不全は、不安が再び活性化しないように働く他の防衛メカニズムと一緒に起こる。この機能不全は、高いストレス状況において、最初に起こる心理的なプロセスであり、周囲が状況に対して「無関心」であると憎悪する。死が差し迫っているという事態も同様のプロセスを起こすことからも、高いストレス状況では、人は不安に陥るよりも、状況から心理的に距離をとるものだということがわかる。患者は、自分自身に対して観客的になるのである。神経学者の中には、この機能不全を、苦しみに対する脳の防御として解釈している者もいる。高いストレス下において、エンドルフィンが放出されると、人は痛みを感じないことが知られている。防衛的な機能不全が起こるのは、死の脅威が差し迫ってくるのと、時間的に一致している。(心臓発作などによる)臨死体験は、まさに死が闖入してくる事態であり、非常に高ストレスでトラウマ的である。死の淵に瀕した人の話によれば、臨死体験は、トラウマ的な機能不全ときわめてよく似ている。死の脅威が差し迫ったものでなければ、この現象は起

こらない。

大災害、大量殺人、テロ、ジェノサイドなどの場合には、トラウマによって心理的に引き起こされる事態に、次の二つの次元が加えられる。
・同一性の喪失。もし、ある集団が攻撃の対象にされ、それによって多くの人が死んだならば、それを目撃した人は、自我が喪失するのを感じる。「他の犠牲者たちと自分を隔てているものは何だろうか。本当に狙われていたのは自分であり、その原因は、自分が言ったこと、行なったことと関係あるのではないか」と考えてしまう。ある人が、（ユダヤ人であるとか、ツチ族である、コソボ人であるなど）自分のひとつの特性のために命を狙われると、その人の残りの部分が否定される。強姦された女性も同様であり、自我の心理的な喪失を感じる。「私は自分の行ないのおかげで強姦されなかった。……私が強姦されたのは、女性だからで、犯人が強姦したのは、すべての女性だ」など、自己の同一性が曖昧になることがある。同一性が侵襲されるのは、トラウマ化のあとで、心の奥底においてである。同一性への侵襲は、最も長く持続し、遅発性の自殺、長期に及ぶ精神医学的な障害の原因となることは確かである。
・予想不可能な死に伴う感情。大災害で、他の被害者の死に立ち会った人、「正しい行ない」のおかげで生き残った人、運良く生き残った人は、ある種の罪悪感を抱き、それが同一性に影響を与える。しかし、それは先述のものとは反対である。生存理由の不在は、しばしば、それについて問いかけることよりもたちが悪い。ある飛行機事故の生存者は、次のように自問していた。「私はベルトを外しました。女性常務員が、私にそれをしっかり締めるように言いました。しかし、乗客のあいだで、ベルトを締めていた人の何人かが死にました。私のようにベルトをしていなかった者も何人か死にました。なぜ私は生き残ったのでしょうか」。彼女は、この運命を幾度も責めた。「少なくとも私が死ねば、五年ものあいだ、余分に苦しまなくても良かったのに……」。彼女は、不運な女性乗務員を羨んだ。女性乗務員は、事故で死んでしまったが、乗客が助かるために己のすべてを発揮したからである。この問いには、答えはないが、同じ体験をした人のグループの中に、随伴者を見つけることができるだろう。「運良く」生き残った人は、「私に内在する性質が、私の命を救ったわけではない。単なる偶然が、明暗を分けたのである」と考えるものであり、潜在的に罪悪感に変化する可能性を有している。情動を共有することだけが、罪悪感を和らげる手段である。孤独は、罪悪感を強めてしまう。

Ⅳ　不幸な仲間の喪に服す

仲間の喪に服することは、トラウマ症候群の悪化のひとつである。自分の帰属が揺るがされるとき、その背後には、みずからの同一性の障害がある（このテーマについては、マリー＝リズ・ルーが、ナチスの死のキャンプからの生存者について行なった研究を参照して欲しい）。トラウマ的な事件（爆発、倒壊、マシンガンによる殺戮）のさなかで、生存者はアンビヴァレンツな状態に置かれている。彼は、ただ命を守るために、逃げるという本能的な手段で行動するが、一方で、他の人に対して強い同一性を感じており、彼らを助けて、悲しみを共有したいと思っている。

無意識的体勢がどうであれ、生き残った人の罪悪感は非常に高まっている。たとえば、地震が起きたため窓から飛び降りて逃れたが、残した二人の子供が建物の崩落によって命を落とした母親の症例、火遊びの結果、母親を亡くした三人の若者の症例をわれわれは経験したが、彼らの罪悪感が極度に高まっていたことを確認している。死ぬことと、生き延びることは、大災害の時に、言葉通りに問われるわけではない。しかし、トラウマに続く孤独感、近親者を失った悲しみ、彼らの死を正当化する説明の不在は、生存者の罪悪感を高めてしまう。

行動しなかったこと、話すことができなかったこと、思い出の一部でも保存できなかったこと（第二次世界大戦時に処刑場で殺された死者の遺灰は、一つまみでも持ち帰ることができなかった。また、広島や長崎では、建物の灰さえも識別することができなかった）は、トラウマ化した人に深い欠如をもたらす。エリ・ヴィーゼル[1]の次のような言葉が、二重の束縛を物語っている。「彼は、私に沈黙することを禁止しました。しかし、彼は、私が話すことも不可能にしました」。彼の二重の束縛は、プリーモ・レーヴィ[2]やブルーノ・ベッテルハイム[3]の自殺に由来していることは間違いない。

（1）ハンガリー系ユダヤ人。強制収容所から生還し、のちに作家として活動。ノーベル平和賞を受賞した〔訳註〕。
（2）イタリア生まれのユダヤ人。化学者・作家。アウシュビッツ強制収容所からの生還者として有名〔訳註〕。
（3）オーストリア生まれのユダヤ人。精神医学者。ブーヘンヴァルト強制収容所からの生還者である〔訳註〕。

近親者を失なうという状況は、非常に重大である。もし、犠牲者が速やかに援助されなければ、トラウマ症候群を作り上げてしまう。初期に必用なのは、身体的・心理的な傷に対して総体的に援助することである。そして、近い時期に、トラウマとなった生活史について語ることができるように、第二の面会を提案すると良いだろう。まだショック状態にある人に、その生活史を語らせることは有害である。また、治療者からの支援はつねに保証され、依頼に対するハードルが高くならないように注意しなければならない。しかし、聞くことだけが治療ではない。何が起こったかを理解するためには、情報は非常に重要であり、攻撃的な投影の対象とされないために、術策を駆使することも必要である。最後に強調しておきたいのは、葬儀の問題である。トラウマ的な状況下では、不幸にも死んだ仲間たちのための葬儀が尊重されていないことが多い。治療者は、この面を無視してはならない。患者が追悼儀式へと行くよう助言するのも良いだろう。それは、集団的現実、感情的時間を取り戻し、これを物語るために役立つ。儀式的時間を持つことによって、抑制されたすべての情動が、ようやく表明され、故人が内在化されるのである。大災害において、トラウマ化した人の情報を集めることは最も重要であるが、そうした情報から認知レベルにまで到達することは困難であることも覚えておこう。心理士や精神科医がトラウマ化した人の側に留まり、その人が話すことを聞いたり、心理的サポートを欲していないかと、定期的に尋ねるのはそのためである。大災害の犠牲者を支援することが、喪の悲しみを動かすことにも繋がる。支援は集団的に組織化されていなければならず、国家は国民を理解し、支援しなければならない。出来事が起きた日には毎年、慰霊祭を行なうことも必要である。最後に、政治的な観点からみると、再び大災害に見舞われないための新しい方法を提示するコミュニティのもとで、集団的死は意味を見いださなければならない。

V　喪の悲しみと慢性病

人生の質を高め、良き老後を送ることは、三世代、四世代と家族が発展することに繋がる。かつてのような団結を取り戻した家族は、充分に報われるだろう。さらに（都会でしばしば見られるように）友人間の団結にも拡大していくと良いだろう。治療期間の遷延化は、慢性疾患の増加の裏面である。生来の障害者の平均寿命は伸びているが、特別な施設でしか老後を送ることができないケースがほとんどである。超高齢者が自宅で終末を迎えることは、現代の家族環境では不可能である。

こんにち、非生産人口は増えるばかりであり、この時代を生きるためには、死や苦痛、物質的困窮に関する考えを持つことが必要である。

1　エイズ、告知された喪の告知――エイズは、社会学、歴史学的に非常に重要な疾患である（純粋に疾患という面でも重要であることはいうまでもない）。罹患した人の多くは、病気の第一期に、みずからの喪に服することになる。患者は、自分の命が猶予期間にあることを知っており、死ぬための準備をする。しかし、最終的に、ほとんどの人が性行動に注意を払い、治療を受け入れる。こんにちのエイズ患者は、矛盾に満ちた状況を生きている。三剤併用療法のおかげで、エイズの脅威に苦しむことが少なくなり、余命もめざましく伸びている。一九九〇年代と比べると、社会的議論を巻き起こすことは目立って少なくなっている。しかし、みずからの喪に服した者が、人生に再備給することが可能であろうか。みずからの喪に服することは、人生からリビドーを脱備給することと同じである（ダビッド、一九九六年）。患者は、人間関係を築くことができず、世捨て人のように世界から距離を取りながら、死を待つのである。こんにち、エイズ患者は、これまでとは異なる不安を抱いている。彼らは、計画を再実行したり、仕事に打ち込んだり、結婚したり、家族を作ったりすることができないかと考えている。彼らは、この一〇年のあいだ生存者であることに精一杯であったが、彼らの現在の希望は、今を生きることである。

多くの調査が、エイズによって友人が亡くなるほど、患者の心的障害や不安が高まることを浮き彫りにしている。恋人が亡くなることに留まらず、出会う場所がなくなることも、喪の悲しみの引き金となる。幸いにも、同性愛者は、強力な政治団体を有しており、団体として、喪の悲しみの問題を取り上げることを決議した。パッチワーク協会は、端布を集めて巨大なパッチワークを作り、亡くなった友人たちの記念碑を作っている。また、死者の記念祈祷も主催している。

2　その他の慢性病——近年、先進国では予想医学という学問が登場した。予想医学によって、慢性病の増加は、遺伝子的に見分けられ、「遺伝子相談」が可能となった。ある疾患に罹る長期的リスクファクターの研究も、予想医学に含まれる。これは、新たに、告知された喪の悲しみという問題をもたらした。

単純な例を挙げると、高い確率で遺伝する乳癌家系の人が、病気の不安を先取りするような場合である（バッケ、二〇一一年）。若い女性が、自分の母親と姉が癌になったために、恋人探しを諦めてしまうこともある。また、乳癌家系であることを理由に、胎児が女の子ならば堕胎することを希望する人もいる。

神経変性疾患は、家族全体を不安へと陥れ、結婚や出産時に重大な葛藤を引き起こす。たとえば、ハンチントン舞踏病や、アルツハイマー病の祖父を持つと、家族全体が脅かされる。まれな病気を持った新生児の親は、死や障害を先取りして、ショック状態に陥る。そのため、遺伝子相談センターは、遺伝子診断に関する倫理的見解を作成した。また、産前エコー診断センターも、産前診断の告知を倫理的に整備しようとしている。将来の危険などあえて考えないほうが良いのだろうか。病気の遺伝子を保有している者が「健康」である長い期間、誰が家族に寄り添うというのだろうか。「予言」が、患者の人生を台なしにはしないだろうか。括弧付きの人生は、医師や心理士の職業人生よりも長いに違いない。誰が調査の正確性を保証するというのだろうか。われわれ治療者は、世代を跨いだ遺伝病の意味や、「予言」の価値について考察し、やがて発病するという重荷を乗り越えて自己実現することを手助けできないか考えるようになってきている。先取りされた喪の悲しみは、何としても回避されなければならない。しかし、病気の発覚に伴う正常な抑うつは、そのままもたらされなければならない。

Ⅵ　医療者や救助隊員の喪の悲しみ

医療者や救助隊員は、頻繁に次のような心理的困難さに直面している。

・度重なる喪失（喪の悲しみや抑うつを悪化させる）

・死に瀕している患者（高齢患者、重い障害を抱えた患者、死に瀕した患者）と接する難しさ

「バーン・アウト・シンドローム」は、職業的な消耗による症候群である。これは、身体的、行動的、心理的な障害から構成され、自分の「顧客」の死に対して、職業的な援助を行なう人たちに起こる。バーン・アウトは、癌患者、小児患者、あるいは緩和ケアに携わっている医療者によく見られる。これは、死への不安と病人に対するアンビヴァレンツの結果である。バーン・アウトが起こるかどうかは、医療者が喪の作業を遂行する能力をどれだけ有しているかに左右される。型通りの喪の作業などない。医療者のバーン・アウトを防ぐために最も有効な方法は、医療機関における患者への環境を整えることである。

バーン・アウトは、一九七四年、フロイデンバーガーによってはじめて記述された。彼はこれを、職業的な理想と、はっきりしない治療効果（慢性病や、繰り返される死）、職務上の合理的要請とを調和させることが不可能なときに起こると定義している。臨床的には、次のようなことが起こる。

・感情的な消耗――認知的、感情的な情報を扱うことができなくなる。自分の可能性を使い果たしたと感じる。
・患者との関係にエネルギーを注げない――人間味の薄い態度をとる。患者との接触時間を減らす。
・個人的達成感の低下。
DSM-Ⅳは、バーン・アウトを適応障害として扱っている。マスラックとジャクソン（一九八一年）は、これを「仕事における慢性的な感情ストレスに適応し損ねた」ものと定義している。社会的援助を職業としている人が患者に同一化して、現実的、幻想的な死に立ち向かうことが、消耗症候群の原因のひとつである。葬儀会社の人たちにも、バーン・アウト症候群は存在する。

医療の無意識的な側面を認識し、うまく意思疎通ができていなければ、医療チームも、医療者個人も機能不全を起こす危険性がある。この機能不全は、死を認めないというかたちであらわれる。
・社会における死の否認――治療者は患者を勇気づけるか、患者が死について話さないように注意を払う。死という言葉は、まだ多くの病院ではタブーである。
・家族とともに死を否認する――家族は治療責任者の後ろに下がって黙している。矛盾した態度だが、家族は患者と話すより看護師らと議論しているほうが気を休めることができる。
・病院の責任者や直属の上司とともに死が否認されている（仲間たちのあいだで、技術的な情報だけでなく、必要な情報の伝達がうまくいっていないため、心理的なサポートができない状態である）。
病院の内外にある会話グループは、良いサポートに見えるが、一過性のもので終わってしまう可能性がある。精神力動的であったグループが力を失なって、数年経つと消滅することがある。あるいは、指導者が変わり、研究グループへと変貌することもある。実践家は、会話グループを開催する期間を区切ることを推奨している。指導者を務めるのは、精神分析家か、経験豊かな集団精神療法のセラピストである。分析家の資質について、長々と議論することはやめよう。しかし、門外漢が読む本として、アンジュー（一九八一、八五年）、ビオン（一九六一年）、もちろんフロイト（一九一四、二一年）、カエス（一九九三、九四年）、ネリ（一九九七年）をお勧めする。

第八章　喪の悲しみに陥っている人に寄り添うこと

二十世紀以降の西洋社会では、多くの人において、宗教心が低下してきている。しかし、葬儀はキリスト教の典礼に従って実践されており、宗教心の最後の砦であると言えるだろう。もはや定期的に教会に通っている人はまれであり、大部分は高齢の女性である。反対に、祭事のときには、家族全員が教会を訪れる。プロテスタントやユダヤ教、イスラム教でも、教会に通う人が減っているということだが、カトリック文化における教会の果たす機能を考えると、まったく別の話であると思われる。現代社会では、非宗教化の流れは一般的であり、遺族がますます孤独へと追いやられてしまう。

アングロ・サクソンの国々では、カトリックの慈善事業よりもブルジョワ的ではないボランティア型の活動が推奨されている。アメリカ合衆国や、イギリスでは、第二次世界大戦終結後、速やかにボランティアグループが機能した。フランスでは、一九四五年以降、世帯主未亡人連合が結成されるとともに、未亡人と孤児への経済的な支援がはじまった。それに伴い、心理的支援から社会的な支援へと変化した。フランス社会では、いまだにこのギャップが根強く残っている。イギリスには、セント・クリストファー・ホスピスのように緩和医療で有名な医療施設や、クルーズのような巨大組織、悲嘆に暮れる子供たちに治療的援助の手をさしのべる組織がある。イギリスでは、ウィンストンズ・ウィッシュも有名である。これらは、孤独や物質的な困窮、単身生活に伴う心理的な問題について話し合う集団とまったく異なるものである。クルーズは、各人の共同生活の特性にあわせた集団を運営する方向へとシフトしている。今や、アングロ・サクソン社会は、支援の効果を評価する段階に入っている。もちろん、支援が機能していればの話であるが、どうすれば効果的に遺族を支援できるかという考え方は充分確立されており、アメリカから、イギリス、カナダ、ケベックを通って、フランスにまで伝わっている。「それは機能しているのか」と問い始めたのは、コリン・マウリーパーカス（一九八〇年）である。彼は、よりターゲットを絞った支援と診断の中間形式である「ビリーブメント・カウンセリング」を提案した。あらゆる研究が、独居よりも集団で過ごすことを推奨している。また、向精神薬（抗不安薬と抗うつ薬）の消費や、依存行動、うつ病などの有病率においても、独居遺族は有意に高いことが知られている。

I　特化されたグループ

こんにちでは、多方面に特化したグループが存在する。この種のグループの中では、配偶者を亡くした人のためのものが、最も古く、最も数も多い。次は、子供を失なった親のためのグループである。子供を二歳以降に亡くした親と、それまでに亡くした親は異なるグループで扱われる。新しいものとしては、流産した胎児や分娩時に亡くなった子供に関するグループがあり、たとえ早期であっても流産を経験したカップルが集まっている。これは、大都市においても同様である。

ヨーロッパ祖父母の会は、孫を持つ世代の人たちに特化したグループを提案している。

最後に、子供のために特化したグループである。年齢によってクラス分けされ、明確な活動を掲げて運営されている。

青年に特化したグループは、中学校で活動している。子供が親を亡くすのは、中学生の時期に多く、中学校生活への支援を求められることが多いからである。学生、教師、事務員の死も、支援の対象である。この場合、グループには、生徒だけでなく教師も含まれる。グループは非常に感情的になりがちだが、その効果はさまざまなレベルへと及ぶ。青年は基礎的な修練の途上にあるため、社会心理学的知識が不充分である。また、知識を実践に移す力も乏しいので、重大な事態に対して精神的に脆弱である。道徳、宗教、生物学の授業は、青年の喪を助けるのに、驚くほど効果がある。グループは、喫煙、ドラッグ、食行動や性行動の異常、将来の職業など、その時期に関心のあるテーマとして扱うことがある。青年のエネルギーは、人間存在のはかなさに対する怒りとしてあらわされる。青年は、同一化できる人物を強く求めている。教師や治療者は、この援助要求に対して用心しなければならない。病的な抑うつに対抗するために、精神分析を導入することも有用である（バッケ、一九九八年）。

医療施設で繰り返される喪の悲しみに対処するために、医療者に特化したグループもある。医療従事者の死亡率が高いことは、既に指摘したとおりである。職員の死亡が相次いだため、喪の悲しみに特化したグループを設けるために、専門家を招聘した医療機関もある。新生児学の進歩は目覚ましいが、救うことができない赤ん坊を失なった看護師や助産師へのサポートは未だ不充分である。エイズ患者を扱うチームが、抑うつを乗り越えるために、専門家と契約した事例もある。また、外科医、麻酔科医は、近親者がドナーになった家族に対して、家族とともに喪の悲しみを語ることが重要であると考えている。

死後、患者の家族と接する医療者は、自分たちのグループに対するケアを望んでいる。実は、そうした要望への「マニュアル」は既に存在している。患者の死から数か月後、患者を担当したチームのメンバー全員と家族に対して、故人について語る場を提案する手紙が送られる。平均で三〇パーセントの家族が、故人を偲ぶために会場を訪れる。しかし、病気について質問する人や、治療の失敗を咎める人もいる。すべての参加者が、みずからの喪の作業を想起するには、二人か三人、あるいはそれ以上の人数が必要である。家族関係は死によって崩壊しており、それを再構成するためには、喪失によって起きたあらゆる衝突をオープンにしなければならない。イギリスの緩和病棟では、これまで述べてきた組織をすべて備えている。フランスの緩和病棟でも、同じような体制が整えられつつある。

最後に、突然の死に直面する職業人についてである。消防士、救助隊員、救急医療のメンバー、職務として死体を収容する軍人らのために、所属する組織が自前で専門家を雇っていることがある。たとえば、軍隊に所属する精神科医や心理士は、兵士のトラウマの潜在的な影響を見つけ出し、感情を表現することを手助けしている。徐々に、専門職の人たちには、チームの調整、他分野との連携、スーパービジョンという考え方が浸透しつつある。非専門職の人たちは、孤独や慢性的な抑うつに対して、団結する傾向にある。

Ⅱ　遺族への個別の寄り添い

こんにち、遺族を支援する協会は、遺族が集うグループを運営するだけでなく、求められれば個人的な面談にも応じている。最も多いのは、電話による相談である。また、定期的な面談や本格的な診療も提供されている。しかし、治療的な支援体制を確立することは簡単ではない。こうしたサービスをボランティアで提供している専門家たちは、遺族の中からも協力者が出てくれることを望んでいる。治療的な診療を望んでいる者は、外部の心理士や精神分析家、精神科医、医師などに紹介される。経済的に困窮している人は、協会内のサポートならば、わずかな費用で利用することができる。

Ⅲ　方法

遺族グループを活気づけるための方法は数多くあるが、最も頻繁に用いられているのは、精神分析（集団の精神力動）から直接影響を受けた方法である。家族療法が用いられることもある。最近の「喪のカウンセラー」は、ゲシュタルト療法（パートナーの存在しない新しい世界の「形」を受け入れることを促す）や、行動療法（人間よりも症状を取り扱う）を選択する傾向がある。いずれの方法も有効だが、治療者の熟練度が必要であることに変わりはない。実際、この種の共有グループに参加している患者は、喪失によって非常に脆弱になっているので、アクティングアウト（想いを言葉で表現できずに行動であらわすこと）や、有害行動に注意しなければならない。自殺のリスクも無視できない。したがって、治療者のスーパーバイズは必要不可欠である。治療者が、研究発表や、体験談を本にすることは、患者と距離をとることに役立ち、実践を知的に理解することを助けてくれる。

IV　喪の悲しみの困難さを、もっと社会に知らしめること

社会的な認知を高めるという考え方は、人間的、社会的、経済的に最も興味深い解決法である。そのためには、遺族の支援団体、国家、とくに国民の健康を管轄する省庁が、大切な人の喪失による影響について注意を喚起することが求められる。開業医は、喪失に関する精神病理を理解するために、患者の大きな喪失体験について尋ねると良いだろう。同様に、企業の経営者は、悲嘆に暮れている従業員に対して、無力感を緩和し、休息をとることができ、特別な時間が持てるよう配慮すると良い。喪は、抑うつの遷延化、希死念慮、犯罪、遺産相続に関するトラブルなど、多くの社会的問題を引き起こす原因と

なる。司法にとっては、喪失や離別に関連した心理学的な現象を理解することが、喪失の名のもとに犯された違法行為を識別することに役立つ。

病院で死ぬことが当たり前になっている現代において、喪の悲しみの心理学を最初に理解し、実践しなければならないのは医療者である。北欧の国々では、死にゆく人と残される人に寄り添うためのチームが活動を行なっている。医療施設における死の九〇パーセントで、そうしたチームが第一線で活動している。より良く死ぬため、あるいは、寄り添いをもっと享援するために、この数字について考えておこう。

第九章　子供と死

死は、多義的な言葉であり、多次元にまたがる複雑な現実である。なぜなら、喪を体験する人の人生や、死の表象が人によってさまざまだからである。人が、死と向かい合うときには、つねに、非常に強い抵抗が生じる。死は、それほど困難なものである。しかし、死という現実は、至るところに存在する。死は命の終わりではなく、あらゆる命に属する破壊のプロセスでもある。老化は、すでに死が勝利していることを示している。病気や障害は、死の前振りに過ぎない。

子供と死

子供における死の観念が、大人には反逆的に映るのは、子供が死に関心を持たないからでも、死について考えないからでもない。子供は、死に関する独自の考え方を持っている。しかし、それが大人と異なっているため、把握することが困難なのである。

とくに小さな子供の場合、その内的世界は、誇大妄想的、全能的である。これは、専門家が「一次ナルシシズム」と呼ぶ発達の初期段階である。子供の心的世界では、自分は世界の中心に位置づけられ、全能的な力を有している。また、あらゆる事象は自分と関係しており、起こったすべてのことは自分に責任があると考えられている。しかし、この世界観は、きわめてアンビヴァレンツな世界観でもある。というのは、大人の理想化のプロセスと違って、子供は、故人に対するきわめて強い憎しみと攻撃圧力の存在を知っているからである。その強さは、自分の欲求を満足させられなかった不快さと苦痛に比例している。子供の世界には、成長、全能性、強いアンビヴァレンツなど、大人とは大きく異なる現実概念がある。子供にとって、「はい」と「いいえ」は共存できるものであり、白でも黒でもあるもの、死んでいるが生きている人、生きているが死んでいる人という存在さえも認められる。子供の論理的破綻は、アンビヴァレンツと一対である。

I 子供は死についてどう考えているのか

どうやら、子供はごく早い時期、ほぼ流ちょうに喋りはじめるころから、死に関する考えを持っているようである。死に関する子供の概念は、その子供が生まれた集団に依拠している。

1 小さな子供が、周囲の人から死について聞いて理解していること——死について、子供と一緒に語ったことはあるだろうか。両親は、死について何を語っているのだろうか。あるいは、親の言葉を通して、子供は何を理解しているのだろうか。子供は心の奥底で、死についてどう考えているのだろうか。子供は死について何を語らないのだろうか。大人は、子供の問いに対して答えられているだろうか。子供が死に関する考えを持ちはじめるころ、子供はそれについて学校で話すのだろうか、それとも、ほとんど話さないのだろうか、あるいはまったく語らないのだろうか。また、学校にいる時と、家族と過ごしている時の子供に、一貫性があるのだろうか。仲間や、同い年の遊び友達、あるいは年上の遊び友達などと接しているとき、子供は死について語られるのを聞くのだろうか。

現代では、子供が死に接触するのは、もっぱらテレビにおいてである。ビデオゲームからという子供もいる。ゲームでは、可能な限り速く、正確に、多くの人間を殺すことが求められることもある。しかし、これはとるに足らないイメージの破壊に過ぎない。情報番組や、ドラマ、映画など、死は至るところにあり、死はつねに身近にあると言えるだろう。メディアにとって、セクシュアリティと死は、最も強力で、非常に重宝する素材である。しかし、それはイメージの死、つまり、現実的な一貫性や真のリアリティを欠いた死であるに過ぎない。

2 死を糧に生きる子供たち――死によって引き起こされる感情的な影響は、故人と残された人の距離に比例すると言われている。この点でも、子供は大人と同じである。子供にとって、死ぬのは老人であり、若い人は殺されるものである。子供にとって、死ぬことと殺されることは、必ずしも同じことではない。十代の時に、親や友達、親戚や近所の人などが誰も亡くなったことがない人は少ないだろう。誰

かの事故に出くわすことがなくても、縁遠い人が亡くなったと聞くことはあり、ペットの死に出会うこともある。もし、死に出会ったことがない子供がいたら、それは両親が良かれと思って、子供から死を遠ざけていた場合に限られるだろう。

死に関する子供の経験は、まさにさまざまである。日常的に死に接する子供もいれば、まれにしか接さない子供もいる。子供が最も接することが多い死は、祖父母や曽祖父母、近所の高齢者、ペットの死などである。それから、まれではあるが例外的とはいえないのが、家族や知人を事故や病気で亡くすことである。しかし、幸運なことに、子供はこうした状況に一人で立ち向かわなくてもよい。子供は家族や友人とともに暮らしているため、死の悲しみを弱めることができる。

3　子供の成熟の程度に応じて

——死は、子供の心の中でぽつんと孤立しているものではない。死は、生命や、暴力性、攻撃性、憎しみ、アンビヴァレンツ、不在、離別、欠如など、多くの他の観念と結びついており、融合してさえいる。死の観念は、時間や、年齢、身体、老化、病気などの観念とも結びついている。子供の内的世界において、どれだけ多くの概念が相互に結びつけられているかを知ると驚くだろう。

生まれて二年半のあいだ、死は子供の注意を引く言葉ではない。だが、離別や不在に対しては、子供は敏感である。子供は、まだ時間の概念を理解していないので、不可逆的な概念を持っていない。したがって、子供にとっての母親は、つねに戻ってくるものであり、子供が死に興味を抱くことは困難である。子供は「いない、いない、ばー」や、おもちゃを隠したり取り出したりして、部分的に不在をコントロールすることを学んでいる。出て行った母親が戻って来るだけでなく、おもちゃを使うことで、自分でも、物を戻ってこさせることができるのである。やがて、男の子は戦争ごっこをする。これは、攻撃的な欲望の元で人を殺す遊びである。女の子は、誕生、出産、結婚、そして死といった人生の段階に興味を抱く。家庭や学校での体験や、耳にした言葉に意味が与えられ、組み込まれるのは、本能的な圧力においてである。ある年齢までは、子供にとって、自然死は存在しない。人は死なない、殺されるのである。子供にとっての死は、不可逆的なものではなく、感染性のものである。

II　子供は死をどう学ぶか

シルヴィア・アントニーは、一九四〇年以前から、このテーマについて研究を行なっており、その成果を一九七一年に出版した。彼女は、ロンドンを中心とする社会的、文化的に異なる階層の一二八人の子供たちの集団を観察した。

その結果、子供の成長段階に応じて、五つのグループに分類できることがわかった。

(A)少なくとも大人から見て、死の意味に対して無関心である。

(B)誤った概念であるか、非常に限定されているが、死という言葉や、事実に関心を持っている。

(C)二次的に結びついた現象や、人間のみを参照した死の理解に留まっている。

（D）まだ限定的だが、基本的な点をおさえて、およそ正確に死を理解している。
（E）論理的、生物学的に満足できる一般的な死の理解に到達している。

彼女によれば、五歳以下の子供でCグループに入れる者はいなかった（つねにAかBグループである）。また、八歳未満で、Dグループに達する者もいなかった。したがって、年齢と死の概念の発展のあいだには、相関関係があると考えられた。さらにいえば、実際の年齢と精神年齢のあいだにも相関があることが導き出される。また、七歳から八歳のあいだで大きな変化が起こることがわかった。この時期、すべての子供はCグループに属している。学校教育の影響は間違いなくあるだろう。

同様の研究としては、一九五九年にニューヨークで出版されたマリア・ナギーの研究がある。彼女の論文は、死の意味作用について論じたヘンリー・ファイフェルの古典的な著書に収められている。また、ファイフェルも、第二次世界大戦の直前に、同様の研究を行なっている。彼は、ブダペストおよび郊外で、三七八人の子供（男女比ほぼ同じ）を対象とした調査を行なっている。結果は、シルヴィア・アントニーのものと同様であった。

七〇年代に、われわれ（ミシェル・アヌスとバルバラ・スルケス）の仲間のひとりが、心理学科の学生とともに、この問題の再評価を行なった。結果は次の通りである。

六歳で、死と眠りの区別が獲得されるようである。死後の無感覚の概念は、獲得される途上である。死の不可逆性、普遍性の概念はまったく獲得されていない。死後については、想像の範囲である。死に対する不安は、この年齢では見られないようである。

七歳で、死後の無感覚の概念が獲得される。不可逆性の概念はまだ獲得されていない。普遍性の概念もほとんど獲得されていない。しばしば、死に対する強烈な不安が生じるので、子供は防衛によって、その不安に対峙する。子供の防衛には、幻想があらわれることが観察される。

八歳は、死の概念の形成において軸となる年齢である。死の不可逆性の概念が獲得されるのも、この時期である。死後のことも理解される。不安は残るが、よく組織化された防衛によって、よりコントロールされているように見える。この時期には、社会文化的な防衛が役割を果たし始めている。

全体的に、死の観念は、生の観念と同じように、九歳頃に獲得される。この概念の獲得には、二つの非常に重要なパラメーターが影響している。それは、子供の個人的な体験と、周囲の人が死について語っている会話である。

Ⅲ　死に瀕している子供

癌や白血病、先天奇形、エイズ、家庭での事故、交通事故、虐待などによって死に瀕している子供は、どうなっているのだろうか。子供が怖れているのは、本質的に死ではなく、見捨てられること、死にたった一人で立ち向かわなければならないことである。大人でも子供でも、死が近づくと、非常に強い退行が起こり、かつての心的生活に回帰しようとする。退行は、幼児期への回帰を促進するか、そうでなければ、暴力的、破壊的な太古的幻想を復活させる。死の概念が充分に形成されていたとしても、太古的な幻想がまったくあらわれないということはない。小さな子供にとって、死は決して自然な事象ではない。死はつねに引き起こされるものである。しかし、子供にとって、死はつねに感染性のものでもある。子供の魔術的な思考では、言葉は物を表象するだけでなく、物に指図し、物に影響を与えるものである。想像的現実は、客観的現実と部分的に混同され、混ざり合っている。

子供は、自分が重篤な病気であると感じたときから、大きな不安とともに生きる。この不安は、次の四つである。①自分の未来はどうなるのか？ ②両親はどう反応するだろうか。両親を安心させなければならないだろうか？ ③とくに、病気による痛みや、制限、障害がある場合、どうやって切り抜ければ良いか？ ④他の子供のように、できるだけ長く普通の子供で居続けるには、どうすれば良いか？ これらの不安は、さまざまなバリエーションをとる。

1 **未来**——大人が思っているより早く、子供は自分が病気であることに気づいている。子供にとって、自分の病気が重篤であることを理解するのは難しいことではない。入院や、特殊な検査、重々しい対応、小康状態が訪れるまでにかかる時間、医師や看護師、家族の態度、自分が身体の中に感じている違和感、これらの情報が、子供を長期間にわたり騙し続けることを不可能にする。子供が質問したがるのは、最初の数週のあいだである。「自分の病気は重いの？」「癌なの？」「助かるの？」、さらには「自分は死ぬの？」といった問いである。人生の真実に関する問いは、最も一般的で、基本的な問題である。

しかし、最もデリケートな論点であることは間違いない。子供が不安から発した率直な問いかけに答えるには、真実を伝えることだけである。

2 **両親**――子供は、父親や母親がどう反応しているか、兄や姉、友達がどんな態度を取るかを速やかに感じ取っている。子供は、自分が不安に陥ると、それが周囲を怖れさせることをよく知っており、この恐怖に対して他の人がどう対処しているかもよく観察している。子供は、母親を安心させ、両親を仲違いさせないように、良い病人、おとなしい子供であることに努める。いつまで死を先延ばしすることができるかわからないが、やがて子供を失なうことがわかっている親の悲しみを想像してみよう。病気を拒絶して絶望的な戦いを最後まで支援することと、迫り来る死を受け入れようとしている子供を手助けするために最初から許容することとのあいだで、どうやってバランスを取ればよいのだろうか。

3 **病気や痛み、治療的制限に対して**――子供は、自分がどういう状態にあり、何なのか、これから何が起こるのか、人が自分に何をしようとしているのかを充分に知っているわけではないので、案外、あっけらかんとしている。そして、子供を元気づけて援助するはずの両親が、子供よりもさらに戸惑っていることがある。主治医は、何が可能で、何を試みれば良いかといった必要な情報を、子供や家族に慎重に提供し、彼らがそれを利用できるようにしなければならない。必要な情報を与えることが、のちに家族の喪の作業を助けるのである。

また、病気の痛みを緩和することも、主治医の仕事である。終末期における痛みの緩和は、哲学的、倫理的なテーマだが、医療者にとって、精密な知識が求められる技術的なテーマでもある。この分野の状況はすっかり変化している。のちに再び取り上げよう。

4 それでも、普通の子供であり続けるにはどうすればいいか——長引く重篤な病気を生きている子供は、自分が他の子供と異なっており、どこか正常ではないことをよく知っている。しかし、子供は他の子供のようになりたい、可能な範囲で他の子供たちと一緒に過ごしたいという強い願望を持っている。また、子供はできるだけ普通の子供であることを熱望しており、他の子供たちの協力で障害を少しでも乗り越えることができれば、それ以上の幸福はないと感じるほどである。

病院の小児科チームは、その点をよく理解しているので、病院の管理的な規則を手直しし、子供の日常生活を可能な限り導入しようとしている。子供が正常であろうと、病気であろうと、障害を持っていようと、子供の人生において、学校は一つの基本的な次元を構成している。フランスの小児科病院には、学校が併設されており、専門の教師が配置されている。この教師が、治療者と家族を結びつけている。家族は、最後の瞬間まで、子供が学校に行けるように、可能な限りのことを行なっている。

娯楽も、子供の人生の一部である。こんにちでは、ピエロが病院を訪れて、子供たちを楽しませることもある。子供の側に付き添いながら、子供が外の世界から得られることを最大限にやらせようという考え方である。

第十章　子供における喪の悲しみ

大人と同じように、子供も喪失や、離別、喪の悲しみに直面している。子供時代に、母や父、兄弟、姉妹を失なうことは、大人と同じように、子供にとって非常に重たい苦難である。しかし、子供における喪の悲しみは、謎めいており、むしろ曖昧なものである。よく知っている子供だとしても、近親者の死の影響、トラウマの有無を、中長期的に評価することは困難である。

いずれの喪も、子供と近親者のあいだのたった一つの関係が切断されたという点において特別である。この特別な基本関係の奥行きを評価することは、家族の観察によっても容易ではない。家族自身も深い悲しみに陥っており、子供の悲しみを聞き、寄り添う余裕がないことも原因の一つである。とりわけ、子供がまだ未成熟な時期に、残酷なかたちで死に遭遇すると、悲劇的な状況のせいで、故人の死よりも前から本質的な関係が存在しており、それが現在の状況や、喪の悲しみを決定づけているということが忘れられがちである。

子供における喪の悲しみには、大人にはない三つの特殊性がある。

① まさに成長途上に起こった喪の悲しみであること。通常の子供の場合、心的エネルギーはすべて

成長へと注ぎ込まれている。大人にとっても喪の作業はエネルギーを消耗させるが、子供の場合、そのために成長に回すエネルギーが不足してしまう。反対に、まさに成長の絶頂にある子供は、一時的に喪の作業を中断しなければならない。そのため、喪の作業から逃れることができるが、それは先送りされているだけである。ナゲラは、喪の悲しみと子供の成長の関係について、「子供の発達に干渉する」と表現している。

②近親者の早すぎる消失や死に直面すると、本能的に、子供はただちに近くの大人の態度や反応に同一化する。子供の悲しみは、周囲の大人たちの喪の悲しみを模倣しているのである。

③喪の悲しみが、今後の人生に決定的な変化をもたらすことはまれではない。しかし、よくあるのは、子供時代の喪が、みずからの在り方を変化させることである。

I　単一、あるいは多様な喪の悲しみ

喪の悲しみは、単一であり、多様である。単一であるというのは、あらゆる喪の悲しみは、苦痛、抑制、退行、危険行動という一連のかたちで体験されるからである。多様であるというのは、死んだ人間との関係が、人それぞれであるように、喪の悲しみもそれぞれだからである。喪の悲しみと喪の作業は、故人との密接な関係に深く根ざしているので、本当のところを理解するのは難しい。喪の悲しみは、そ

れまでの関係が変形したものに過ぎない。つまり、過去の関係は、喪の悲しみにおいて、今や別のかたちで表現されているだけで、消せないものとして残存しているのである。もちろん、死は、その不可逆性、根源性、非反駁性のために、喪の悲しみに特別な性質を与える。しかし、困難で痛みを伴うが、死に関わらない喪失というものも存在する。みずから選択されたものでなければ、離別と喪失は、つねに耐えがたいものである。

　各人の喪の悲しみは、その人だけのものだが、実際には、あらゆる喪の悲しみは、同じ道のりを歩む。他の心的過程と同じように、喪の悲しみには、開始期、中心期、絶頂期、結末期という各段階がある。最後を終了《フアン》と言わずに結末《テルミナシオン》と表現したのは、喪の悲しみは、その人が死ぬまで決して完全に終わることはないからである。

　通常は、前喪《プレデュイユ》とでもいえる不安定な期間を経て、喪の悲しみが始まる。前喪の期間は、親しい人の病気が重篤であることが判明し、その人の死が頭をよぎったときから始まる。前喪は、喪の作業を軌道に乗せる役割を果たしている。困難な体験を少しずつ受け入れるために、死を念頭に入れておくこと、死にゆく人の最後の言葉を聞き入れる心の準備をすること、死にゆく人との距離を縮め最大限の愛情を注いで、最後の試練の瞬間を支えるべく努力をすることが、その役割である。子供（幼い子供でも）は、家族や同伴者に混ざって、近親者の死の経過につねに参加したいと望んでいる。そこに、喪の試練に立ち向かい、それを乗り越えるための最大のチャンスを見いだすことができる。

　唐突に死が訪れると、前喪の期間がないので、喪の作業は困難になる。その結果、喪の最初の段階であるショックは強く表出される。遺族は、身体的健康を大きく傷つけられ、食欲不振、不眠に陥り、どうしようもない疲労感によって押しつぶされる。精神的、感情的、心理的、情動的な側面も同じように傷つけられる。悲しみや苦しみによって、昏迷性の無感覚と不安の混合状態となる。他人との関係や、行動面でも、大きく混乱する。

遺族は、他人から切り離されて、自分が変わってしまったと感じており、深い孤独へと陥る。これは、喪の悲しみにおける第二段階で、抑うつ状態と呼ばれる段階である。この時期、人は、心理的孤独、苦しみや抑うつの中で喪を生きるのである。この抑うつの心理的苦痛は非常に強烈であり、長期にわたり目に見えて身体機能を蝕むことからも、本当の抑うつ状態であると言える。食欲、睡眠、活動性、性欲は減弱する。心理機能も阻害され、行動を起こすことが億劫になり、疲れやすく、苦痛を伴う。何をするにしても努力が必要となる。喪の抑うつ状態は、多大な抑制を伴うものである。

喪の悲しみを最も和らげることができるのは、時間の経過である。苦しみは静まり、あらゆることが再び日の目を見る。いつしか関係は変化しており、深められている。もはや、生き方が揺れ動くことはなく、心の奥底で、愛する人の来世を確信している。しかし、残念ながらつねにこのように進むわけではない。喪の悲しみがトラウマ化する人もおり、生き続けることができない人もいる。多大な影響を受けて、残された時間を傷ついたまま過ごす人もいる。

II　喪の悲しみと幼児の離別

幼児は、知識も言語的発達も不充分なので、喪失を心理的に練り上げながら、喪の悲しみを生きることができない。つまり、幼児は、喪失と離別を直接的な体験として生きている。これらの体験が、子供にとって重要なのは、それらが後の苦悩や混乱の起源となるトラウマ的な衝撃を形成するからである。第二次世界大戦のさなか、アンナ・フロイトは次のように記述している。

「父や母の死後、幼い子供は、両親が出かけているだけであるかのように振る舞う。反対に、両親が出かけたとき、子供は両親が死んだかのように振る舞う。小さな子供にとって重要なことは、愛の対象が身体的に存在するか不在であるかということである」。

つまり、幼い子供のトラウマ的な離別の経験とは、両親が長く不在になることで、みずからの欲求を満足させられないことである。しかし、残念ながら、両親の物理的存在がつねに満足を与えるとは限らないことも事実である。病気の両親、抑うつ的な両親もいれば、身体的には両親が存在していても、子供にとって現実的に不在ということはあり得る。そして、身近な人の悲しみが子供の回復を阻害しているとき、その悲しみが、まさに若い両親の死によって引き起こされたということもある。

ジョン・ボウルヴィは、「離別不安」に関する著作の中で、両親と離別した子供たちが、「抗議期」、「絶望期」、「離脱期」という三つの時期を経過することを報告している。こうした行動は、子供の喪に強い関心を持つ研究者によって、ずっと以前から認められていたことである。人間の赤ん坊の研究者はもとより、小型霊長類の研究者も同じことを認めている。ジェームズ・ロバートソンが、三つの時期として記述したのは以下の通りである。


「最初の抗議期は、数時間から数日のあいだ続くことがある。そのあいだ、若い観察対象は、母を意識し、これまでと同じようにみずからの期待をかなえることを強く望む。しかし、この願望は涙に終わることになる。子供は親を亡くしたことに強く動転して、当惑し、新しい環境に脅える。また、恐怖と、親を取り戻したいという欲望のため、我を忘れる。しばしば、突然叫び声をあげたり、寝床を揺さぶる。枕木に身を投げ、視覚的、聴覚的な印象を熱心に監視する。これは、いなくなった母親の到来を見逃すまいとしているのである」。

「抗議期は、少しずつ絶望期へと移行していく。抗議期の特徴は、意識的に母親を求め続けることである。とはいえ、母親を取り戻すことは不可能なので、感情は高ぶるばかりである。子供の活動性は低下し、ただ涙を流し続けることもある。子供は、塞ぎ込んで無気力になり、周囲に対して何も期待できなくなる。この段階は、子供が落ち着いたとか、悲しみが癒えたようだと、誤って判断されることもある」。

Ⅲ　子供における喪の悲しみの経過

子供が成長し、死を不可逆的な離別として理解しはじめると、喪の悲しみは、大人のように表出されるようになる。まず、ショック期があり、抑うつを呈する中心期、そして喪の終結期が訪れる。しかし、喪の展開は、やはり大人のものとは異なっている。まず、喪における子供の行動は、近親者の行動を転写したものであり、子供が近親者から期待されていると感じられたことが強く影響を与えている。

喪の最初の時期が、明白なショックを呈するのは、死が突然に、そして予想外に訪れたときばかりではない。子供が、一時的な無感覚のように振る舞うことは、よくあることである。実際、子供にとって、出来事の重要性を理解するには時間が必要である。親しい人が長い闘病生活の果てに亡くなると、子供は、前喪の時期や、喪の第一期に大きく混乱する。同時に、悲嘆に暮れている家族との関係も損なわれる。悲しみに加えて、気分や人格の不安定、成績の低下、引きこもり、入眠困難、摂食困難があらわれる。より明白に、不眠、食思不振症、衰弱というかたちであらわれることもある。再び涙で枕を濡らすこともある。

喪の悲しみの中心期において、子供は大人と同じように、真の抑うつ状態に陥ることもある。以前より、子供の抑うつは、大人のものと同じではないことが知られていた。乳児の抑うつは、本質的に行動にあらわれる。子供は、悲しみをあらわし、悲痛を体験することができるが、重く執拗な心理的苦痛を、心の中に閉じ込めておくことはできない。遅くなり過ぎないうちに、子供は他人との関係において、苦痛を感情的に表現する必要がある。もしも、それが不充分だと、学校や家での行動に影響があらわれる。子供が、不眠や食思不振、遺尿症〔本来するべきでないところで排尿すること〕、無力症、行動不能のような機能的障害に陥ると、余分な段階を乗り越えなければならなくなる。子供が周囲の圧力や構造、あるいはその両方から、悲しみや苦痛を表現できず、他の表現へと置き換えて備給することができないと、病気になってしまう可能性が生じる。そうなると、悲しい出来事について苦しむことはなくなるが、行動面に障害があらわれる。

子供の場合、こうした婉曲表現としての抑うつ状態にも、いくつかの特殊性が見られる。

① 喪の悲しみに陥っている子供は、想像のなかで、亡くなった親と生き続ける。子供の心の世界では、亡くなった親はつねにそこにいるのである。子供は、親を見て、その声を聴き、語りかけ、そして手紙を書くことさえできる。「想像の親」は、喪の作業を進めるだけではなく、成長を続けるためにも必要である。

② 喪の悲しみにある子供は、良く知っている人に、亡くなった父や母の面影を見出すことを欲している。子供に、自由に選択させると良いだろう。

③ ほとんどの子供は、死を真似して遊んでいる。しかし、喪の悲しみに陥っている子供は、いっそうこの遊びに没頭する。死を真似る遊びは、ある意味で、状況を支配することを可能にしている。また、

子供の遊びにおける役割交換は、イメージや表象を作り出すことに役立っている。

　抑うつ期から終結期へと徐々に移行するのがわかるのは、夢のさなかにおいてである。まだ覚醒時に知ることができなかった欲望が、夢の中で表現されるからである。それは、旅行や、新しい計画、新しい出会い、新しい友情、新しい愛の夢である。こうした新しい欲望が、意識上にも認められるようになると、喪の終結が近づいている。そして、喪が終結するにしたがって、この欲望は実現されはじめる。いかなる喪の悲しみも、完全に終了することはなく、消せない痕跡を残す。ならば、子供の喪は、悲しみの一部を残し、大人になって再び死や離別に遭遇したときに、再び練り上げるべき仕事を残しているということである。これは、青年においても同じである。

第十一章　子供における喪の作業

人によって、喪の悲しみの表出や経過はさまざまだが、喪の過程には、必ず通過する段階があり、その点から見れば共通のところがある。つまり、ショックから抑うつへと移行すること、悲しみを伴わない喪は存在しないことである。喪の作業は、心の奥底で行なわれる心理的作業だが、外部への表出には共通のパターンがある。また、いくつかの段階があり、それがうまく進まないこともある。喪の作業の最大の特徴は、それが無意識的に行なわれるということである。しかし、少なくとも、苦痛、退行、想起という三つの要素は、完全な意識上にあらわれる。子供の場合、この三つの過程は、受容、同一化、罪悪感の練り上げという、より無意識的な方法で実現される。

大人と子供の最初の相違点は、苦痛や悲しみの体験のされ方である。われわれの観察によると、子供が長期間にわたって重い苦しみに耐えることはない。また、子供は比較的早く行動面や身体面に悲しみを表出する。子供も深い悲しみに陥ることはあるが、長く続くことはまれである。あとになって、再び悲しみに陥ることはある。二つ目の特徴は、退行の仕方である。子供は、トラブルに遭遇すると退行するものであるから、喪の時期に、子供が退行するのは道理である。だが、それに留まらず、発達が停滞することもある。しかし、より多く見られるのは、子供が将来にみずからを投影し、早く成長しようと努力することである。悲嘆に暮れる子供は、愛情、安心、慰めへの反復的な希求というかたちで表現される退行的行動と、早く大人になって重荷を引き受けたい、自分が大人であることを示したい、独立したいという欲望が奇妙なかたちで共存している。

喪の作業の第一段階は、物質的、具体的な次元と、心的、情動的な次元の両面において、現実を認識することである。子供の場合、この心的作業も大人とは異なっている。というのは、「想像的な親」とのあいだに内的関係を構築しているからである。大人は現実と気付いて、それを受け入れるが、子供は同じように振る舞うことができない。大人の場合、時に、現実が不明瞭となり、部分的に隠されることはあるが、おおむね、現実であるかどうかが曖昧になることはない。

現実に関する心的作業は、子供と大人ではまったく異なっている。子供の場合、現実の意味が、充分に確立されておらず、経験や知識は不充分である。また、欲望としてあらわれる内的世界の圧力が非常に強い。子供は、現実に対する感覚が充分に獲得されていないので、現実との関係を維持するために、実在の対象による補強を必要としている。親が亡くなることは、実在の対象が失なわれることになるので、状況がさらに悪化するのである。

子供の精神には、無矛盾の原理というものはない。子供は、亡くなった父母が生き続けているか、生き返ったかのように振る舞うことがある。子供の非論理性を知れば、こうした行動も理解することができるだろう。子供は、側にいる大人たちの具体的な言葉や態度を欲している。「お父さんは行ってしまったよ」、「お母さんはお空の上だよ」といった曖昧な言葉は、子供が、死という現実を内的概念として取り入れるのを阻害する。その時点の理解力を超えているように見えても、子供は近くの大人たちから、死という言葉が語られること、死について正確に説明されることを欲しているのである。

また、子供の場合、故人との関係が再び内面化される際にも独特のかたちをとる。まず、子供がつねに変化し続ける存在であるという視点を忘れてはならない。子供の力の多くは、発達に向けられるし、向けられなければならない。発達が一本調子に進むことは非常にまれであり、しばらく停滞したり、引き返したりしながら進んでいくものである。この作業は、多くの時間と苦労を必要とするが、新しく獲得されることは成熟の果実である。子供は、内面化の作業によって、時に矛盾に満ちた過去の概念を引きずることなく、みずからを順応させることができるのである。

子供と大人では、近親者、とくに最初の対象である母親との内的関係の重要性がまったく違う。子供の場合、母親との関係は発達の程度に応じて大きく変化し、対象としての母親の位置付けは大きく浮き沈みする。最初に、対象の表象が心の中に刻まれるのは、その対象の欠如であり不在によってである。当初、対象の表象は、非常にアンビヴァレンツである。なぜなら、母という対象が、満足ばかりではなく欲求不満の苦しみも同時にもたらすからである。対象の不在は、子供に、待つことと、到来の安心感を先取りすることを教えてくれる。しかし、これらが充分に確立されるためには、数えきれないほどの在と不在が繰り返し体験されなければならない。喪の悲しみの時に、幼い子供は、記憶を想起することができないのは、痛みをともなう作業だからである。また子供は、想起する際に生じる苦痛から自発的に逃れようとするため、家庭や、学校、社会生活で、はっきりと故人について語られたときにしか、辛い記憶は想起されない。もっとも、その場合も、控えめな想起に留まる。子供が喪を進めるために記憶を用いることができるように、家庭で、率直に、日常的に故人について語ることは、今後も、ますます重要になるに違いない。辛い記憶の想起が、亡くなった親への強烈な執着の重要性と、この消失が元に戻らないという現実を理解させるのである。

大人の場合、故人へと過剰に備給されていた心的エネルギーは、新しい別の人への同一化として放出される。しかし、子供の同一化過程は異なるかたちを取る。大人の場合、同一化の過程はたいてい潜在的であり、喪は特殊な同一化のかたちとして表われるに過ぎない。だが、子供の場合、同一化の機能が、心理的成長を進めるのに大きな役割を果たしているため、同一化が盛んに行なわれる。同一化は、物まねとは違って、無意識の過程である。ただし、同一化と物まねは排除しあう関係ではなく、補い合う関係にある。人は同胞に同一化して、その人の性質や性格の一部を、壊すことなくみずからの中に獲得する。同一化には、二つのタイプ、二つの機能があり、それぞれ幼児期の異なる時期に位置づけられる。

最初の同一化《イデンティフカシオン・プリメール》と呼ばれる過程は、文字通り、人生における最初の同一化である。同一化は、非常に早くから、ほとんど産まれた直後から始まっている。それは、赤ん坊が母親と離れて生きることができないことを示している。赤ん坊は、母親と一体化して、一つの存在であると感じている。母親と自分をナルシスティックに混同することが、赤ん坊の最初の感情であるといったほうがわかりやすいかもしれない。つまり、これは、ある種の分裂した同一性という力動的な動きであるというよりも、未分化の状態である。しかし、最初の同一化に、力動性が伴わないわけではない。むしろ、遠心的な動きがある。未分化の状態は、のちに乗り越えられるためにだけに存在する状態である。もしも、このまま留まれば、発達も不可能であり、自分の人生も始まらない。最初の同一化は、受動的、原初的、包括的なものである。

第二の同一化は、ナルシスティックな同一化とも呼ばれる最初の同一化とは異なり、本質的にエディプス・コンプレックスの構造に結びついている。男の子は、成長しながら、父親のようになりたいと欲する。それは、母の側にいる父親を追い払いたいという願望である。女の子は、父を巡ってライバル関係にある母親に同一化する。女の子の望みは、父親から子供を授かるために、母親を追い払うことである。このギリシア悲劇は、事実としての行動を描いているわけではなく、欲望の構造を描写しているのである。子供を取り巻いているのは、こうした二次的、エディプス的な同一化である。この同一化は、近くにいる人物、子供が日常生活で接触できる人物に向けられるが、この人物が死ぬか、失踪すると、子供の同一化の過程は中断される。そして、他の父性的なイメージを持つ誰か、あるいは母性的なイメージを持つ誰かに再備給できるようになるまで、子供は悲嘆に陥り続けることになる。

喪の作業の最後の過程は、無意識的な罪悪感を練り上げることである。子供の場合、罪悪感は特殊なかたちをとり、あらゆる喪の悲しみにおいて、不可欠な中心部分を形成している。罪悪感は、最も居心地の良い関係を含めて、あらゆる関係の中に潜んでおり、アンビヴァレンツな考え、感情、望みなどに結びついている。しかし、人は、子供のアンビヴァレンツについて積極的に語りたがらないものである。

それどころか、子供のアンビヴァレンツをまったく認めないという人もいる。こうした幼児期の理想化に異議を申し立てたのが、ジークムント・フロイト、アンナ・フロイト、ドナルド・ウィニコット、メラニー・クラインらである。とくに、クラインの貢献は大きく、彼女は、乳児が肛門的サディズムの段階まで、極端にアンビヴァレンツな状態にあることを明らかにした。とはいえ、子供がこれほど憎しみの圧力に取り付かれているということを想像することは難しい。そこで、大人と小さな子供が、大きな欲求不満を経験したときに起こる事態を比べてみよう。大人が不快を感じて、苦しむとき、この耐えがたい状況は、一定期間、その人の内的世界を独占する。しかし、それが当たり前であるかのように、家族、社会、就業といった日常生活は変化しない。大人の場合、不快な経験は、心的平面において、すでに乗り越えられており、過去から現在に接近することができる。大人は、この不快がいずれ過ぎ去ることを知っているので、最悪の展開を避け、みずから状態を良くするための具体的な方法を考えるのである。乳児の欲求不満は、まったく異なっている。乳児は、欲求の次元に組み込まれている。欲求のレベルでは、心的なものは、物質的なもの、生理学的なもの、生物学的なもの、身体的なものと、未だ区別されていない。乳児が自分の身体に感じている居心地の悪さは、非常に具体的なものである。この居心地の悪さが、ある強度にまで高まり、子供の許容範囲を超えると、トラウマ的な欲求不満になるのである。乳児は、大声で泣いて母親を呼ぶほかに、居心地の悪い状況を終わらせる具体的な方法を持っていない。また、それを堪え忍ぶために、状況を知的に理解する能力も持たない。乳児は、完全に他人の善意に身を委ねているのである。乳児の内部で、愛する対象と同じものが、欲求不満を与えるものとして破壊的な憎しみの圧力に曝されているのはそのためである。

近親者を失なった小さな子供が罪悪感に陥らないと考えるのは、まったく間違っている。反対に、子供のアンビヴァレンツは活発であるため、子供の無意識的な罪悪感は、大人よりもはるかに強い。さらに、子供は、その誇大性、魔術的な物の考え方のせいで、自身の近くで起こるすべてのことが自分から生じたと考えがちである。そのため、子供は近親者の死の責任が自分にあり、自分に罪があると容易に考えてしまう。

確かに、子供であっても、時間の感覚を獲得し、離別の経験を積み重ねることで、死について充分に理解し、喪による重大な喪失に立ち向かうことができるようになり、それを乗り越えられるようになる。だが、子供は未だ発達の途上にあり、その時点で持っている能力しか用いることができない。大人と子供の喪の悲しみが、似ていると同時に異なるのはそのためである。望んでいるわけでなくとも、親の死は、つねにエディプス的な勝利を実現している。亡くなった親が、同性の場合はなおさらである。男の子は、母親を自分のものとするために、父親の消失を望んでいたのである。しかし、父親が死んだ今となっては、その位置は客観的に空席となり、この位置は取り戻されなければならない。母親が喪の悲しみに陥っている時、あるいは、母親が父の代わりにその仕事に捕らわれているとき、子供は、そこから母親を救い出さなければならないと感じることがある。その場合、子供の状況は悪化してしまう。

こうした観点から見ると、親が亡くなったときの子供の年齢や、子供の性別は、非常に重要である。エディプスのライバル関係が活発な時期には、喪の悲しみはより重くなり、潜在期ならばより軽くなることは、容易に理解できるだろう。残された親は、自分の不幸を言い訳にして、子供よりも自分の退行的エディプス傾向を満足させがちである。したがって、残された親の態度も重要である。そこにも、家族が果たさなければならない役割がある。

第十二章　悲嘆に暮れる子供の未来

たいていの場合、喪の悲しみは、時間が経てば自然に元の状態に戻るが、まれに病的な状態に陥ってしまうこともある。病的な喪の悲しみとは、それほど傷ついていないように見えた人が、喪の最中、あるいは喪の衰退とともに陥る、身体的、心理的な病気である。通常の過程では、喪の悲しみは悪化しないが、喪が特別長引き、さまざまな動揺が起きると、喪の悲しみが悪化する。子供の喪と大人の喪は、共通の性質を持っているが、行動面において違いがある。

普通の環境ならば、子供はある程度の時間を経ると、他者との関係を取り戻し、安全な日常生活を送ることができる。その間に起こりうるさまざまな障害については、これまで述べた通りである。日を重ねるにつれて、子供のショックや抑うつ反応は弱まっていくのが普通である。大人は、そうした反応の長さよりも、子供の変化の様子に注意を向けるべきである。もし、子供に改善傾向が見られなければ、いずれかのタイミングで大人が行動しなければならない。子供の睡眠、覚醒、食事、学校への登下校という枠組みには、特別な注意が向けられなければならない。しかし、病気や離別の危機、新しい家族の到来など、明らかな困難に直面して変化が再びあらわれるのを待つ必要がある。

悲嘆に暮れている子供は、平静を取り戻しているように見えても、やはり風変わりな様子が見られるものである。

たいていの場合、もともと品行方正だった生徒が問題を起こすことはない。しかし、授業中にぼんやりする、課題に集中できない、宿題ができない、ひとりで授業を受けられないということはある。もし、こうした状態の子供に何を考えているのかを聞いてみても、子供は雲の中にいるような状態なので、何と答えればよいのか当惑するだろう。子供は必ずしも自発的に自分の境遇を話すわけではない。教師が事情を知らず、子供の注意力不足を罰することがあると重大な事態になってしまう。子供は、親しい仲間や、同じ体験をした子供にしか話さないことがある。反対に、むしろ衝動的で、つねに落ち着きなく、先走りがちな子供もいる。どちらの場合も「心そこにあらず」である。絵を描かせるとわかるように、子供たちは過去に耽溺することもあれば、未来に向かって追い立てられていることもある。注意障害は、質的なハンディキャップである。子供は、離別や喪失、苦痛に関する言葉や概念を忘却し、否定し、距離を取り、それを抑圧することで、堪え忍ぶには重すぎる悲しみを一時的に追いやるのである。しかし、一時しのぎは、決して無視することができない事態を引き起こすことになる。

ことが起こるのは、とくに情動の領域においてである。熱中、気まぐれ、情熱的な執着、青年同士の劇的な絶交などが見られる。喪中の青年や子供の感情的関係を記述するためのモデルがあるので、それを用いながら理解を進めると良いだろう。ただし、そのモデルを一般化して当てはめようとしてはならない。なぜなら、反対に、感情を強く押さえ込む子供もおり、そうした子供に、一般化したモデルを当てはめるのは困難だからである。子供の喪を成功に導く試金石となるのは、最初の愛の関係である。子供の中には、知り合いや仲間はいても、親友や恋人はいない者もいる。親友や恋人がいても、それを失なう恐怖からしがみつき、そのことが大きな負担になっている場合もある。具体的な理由もないのに、不意に、絶交する子供も同じである。彼らは絶交されることを怖れて、先に自分から絶交するのである。そうした子供は、絶交や離別の度に幼児的な悲しみを取り戻し、その状態で生き続けている。絶交を繰り返す人は、まだ愛することができない人と比較される。しかし、実際に絶交するために話し合っているときに、自分の悲しみが意識化され、精神療法家や精神分析家を受診する契機となることもある。

喪中の子供は、一対一にならなくても、集団の中から見いだすことができるほど、明らかに際立っている。子供が目立つのは、とくに危険行動と道徳違反行動においてである。危険を冒すことは、青年期の一部を形成しているが、喪の過程の一部でもある。危険を冒すことは複雑な行為であり、状況によって多様な機能を持っている。興味深いのは、同じ子供が、あるときには小心翼々としているにもかかわらず、時に軽率になり、場合によってはまったく危険を顧みないという事実である。道徳的規範に対する態度も同じである。子供は、それを厳格に遵守するかと思うと、まったく無視することもある。違反が頻発し、過大なものになると、懲罰を受けるための挑発であると考えられる。つまり、懲罰を受けることで、喪の悲しみに結びついた無意識的罪悪感を軽減させようとしているのである。とくに、配偶者が自殺した場合、生き残った親自身の罪悪感が、子供に悪影響を与える。親は、子供を罰することをみずからに禁じたり、子供が悪いことをしたときに、他人が子供を罰するのを妨げようとするからである。

子供にとって良くないのは、自分は悲劇を体験したのだから、あらゆる権利を有しており、すべてが許されていると考えることである。この傾向が強調されると、子供が精神病質や倒錯の悪化であると判断されてしまう怖れがある。

喪の作業が大きく障害されると、喪の悲しみは悪化することがある。

（A）現実認識のレベルにおける悪化要因として最初に取り上げられなければならないのは、苦悩や悲しみが見られないことである。これは、喪の悲しみが立ち往生していることを示している。これまで述べてきたように、悲しみが延期されるのは、とくに、悲惨な状況で喪失を体験したために、喪の悲しみがトラウマ化した場合である。しかし、喪の悲しみから逃れることはできない。喪の悲しみは必要不可欠である。悲しみ、苦痛、苦しみが表出されず、体験されていないところでは、喪の悲しみは、別のかたちで影響を与えている。これは、しばしば、身体的健康や心理的安定、社会関係、愛情関係にとって、より有害である。

また、悲痛な現実から中途半端に距離を取ることで、喪の悲しみが不完全になることがある。すると、喪失を認める自我と、まるで何も起こらなかったか、それが重要なことではないかのように知らないふりをする自我のあいだで分裂が生じる。分割された心理的態度が、機能不全を起こすことは容易に推測できるだろう。しかし、子供の場合、現実に対する関係が特殊であるため、自我の分裂はそれほど問題とならない。

（B）まるで死んでいないかのように、愛する人を心の中に生かし続ける人にとって、死を再意識化することは、状態を悪化させることになる。こうした人は、過酷な現実を受け入れることができないのである。また、故人の病気の症状など、故人の短所に同一化する人もいる。このようなネガティブな同一化はまれな現象ではなく、正常な喪においても見られる。しかし、幸いなことに、ネガティブな同一化は欲望の次元にとどまり、実現されないことがほとんどである。一度でも死を望まない喪の悲しみなどない。だが、素早く回復を取り戻して終わるのが普通である。

(C) 喪における無意識的な罪悪感は、故人との関係におけるアンビヴァレンツと結びついている。罪悪感は、故人との関係が深いほど強くなる。アンビヴァレンツが生じるのは、故人との関係に、愛と憎しみが混在しているからである。幼い子供の場合は、なおさらである。アンビヴァレンツが強ければ強いほど、ネガティブな感情が、罪悪感や、良心の呵責、償いの渇望といったかたちであらわれ、アンビヴァレンツが意識され難くなってしまう。隠されているからといって、影響力が小さいわけではない。ネガティブな感情を発露させるには、二つの道がある。一つは、故人そのものに向けられる道と、他人に投影される道である。

トラウマが子供に早熟を強いるのは、どのようなメカニズムによるものだろうか。ネガティブな同一化が、多かれ少なかれ一時的に喪の作業を止めるのは、どのようなメカニズムによるものだろうか。周囲の大人たちが充分にケアしなければ、無意識的な罪悪感は、子供を押しつぶしてしまうのだろうか。これらの問題については、前述した通りである。

トラウマに関する研究が盛んなアングロ・サクソン系の文献においても、この領域に関する体系的な研究は存在しない。しかし、どうやら、悲嘆に暮れた子供は、喪の作業の一部を将来へと宙づりにしているようである。それは、子供が成長するための力を必要とし、自分の力で物事を処理する心理的方法をまだ持ち合わせていないためであろう。子供の発達の程度、喪中の不安定さ、死の状況、寄り添いの程度、残された家族の態度、とくに子供に対する家族の態度が、子供の喪に影響を与える。これらの要素を最大限に良い状態に維持できれば、延期された喪の作業の一部は、より穏健になり、成長とともに少しずつ引き受けられるであろう。

反対に、子供にとって最も悪いのは、喪に服さない、あるいは喪に服することができないことである。こうした状況は、かつては頻繁に見られ、現在でも完全にはなくなったとはいえない。子供や青年は泣かない。愛しているにもかかわらず、父や母を失なっても苦しんでいないように見える。反対に、非常に活発で、世話好き、愛想良く、周囲の人を助けるために自分のできることならば何でもするという子供もいる。いったい、子供に何が起こっているのだろうか。子供は何も感じていない、子供は親を愛していなかった、子供は思いやりがないなどと考えてはならない。子供は、ただ苦しみに押しつぶされて、それを表現する方法が見つからないのである。こうした否認・防衛が子供の心理構造の一部を形成してしまうこともあるが、その場合でも、周囲のサポートが状況を打破できないということは非常にまれである。一般的に、子供が悲しみを呈さないことは、家族の喪の悲しみの症状であり、家族の防衛の表現である。

あらゆる疫学的統計が、喪によって男性の死亡率が高まることを示している。この傾向は、遺族が若いほど強くなる。事故や自殺の頻度も高まる。喪は身体疾患の大きな悪化因子でもある。癌や心血管系疾患の増加については、既に述べた通りである。喪の悲しみのような、心理的、感情的な大混乱の場合、何らかの事情によって悲しみを普通に表現することができない人にとって、悲しみが身体的に表現され、場合によっては身体疾患というかたちで表出されるのは避けがたいことである。一方で、喪の悲しみは、その後の死や病気の直接的原因ではなく、発症を誘発する環境要因に過ぎないとも考えられる。トラウマ的な負担が、内分泌的、免疫学的障害というかたちで、身体的影響を生体に及ぼすのだと考えられている。

戦後、ある小児科医が、幼児を対象に早期の離別による影響について調査を行なった。その調査によれば、喪の影響は幼児の健康状態を悪化させ、最悪の場合、死に至るケースもあった。

さまざまな疾患の子供たちを数多く集めて行なった統計的な研究は存在しないようである。しかし、カリフォルニアにおいて、糖尿病の子供を対象にした調査がある。筆者であるリーヴァートン（一九八〇年）は、親の喪失や、それによる家族の動揺は、若年性の糖尿病の発症率を高め、代償機能を弱めると結論づけている。また、グリーンとミュラーは、子供が喪失を体験しているケースと、母親がうつ病のケースにおいて、白血病の有病率が高いことを報告している。リモンとヘノッホらによる若年性関節リウマチの患者五四人に対する調査でも、同様の結論が導き出されている。彼らは、一般の子供たちよりも、養子の子供たちのほうが、関節リウマチの有病率が二倍高いことを報告している。身体的健康は、とくに自殺企図や多量服薬という危険行動によって増悪する可能性も考えられる。

喪を体験した子供は、大人になった時にどのような心理状態になっているのだろうか。この疑問は、ボウルヴィをはじめとするアングロ・サクソンの人びとが非常に関心を持って研究を行なった領域である。子供時代の喪の悲しみは、多かれ少なかれ悪化するものであり、少なくとも一部は後回しにされる。そのため、大きな離別や早期の死別は、つねに病気を引き起こす可能性を有している。この影響を厳密に測定するために最も適切なアプローチは、プロスペクティブな研究であろう。たとえば、死別を体験した子供に対して三〇年間追跡調査を行ない、人間関係や、克服しがたい困難な状況を評価するとよいだろう。しかし、現実的に、われわれの知識は、二種類のレトロスペクティブな評価に基づいている。一つは、子供時代に死別を経験した大人が、精神分析的、精神療法的な治療を受けた際に行なわれた質的な評価であり、もう一つは、さまざまな問題を呈した大人たちに対するコホート研究によって得られた量的な調査である。

アメリカの研究者たち（ベンディクセン、フルトン、一九七五年）は、コホート研究によって、この問題にアプローチした。一九五四年、彼らは、十五歳の青年一万一三二九人を集めて、ＭＭＰＩ（ミネソタ他面人格目録）検査を行なった。それから一八年後の一九七二年、一九五四年時の家族状態を基準として、そのうちの八〇〇人を選抜した。選抜されたのは、何も問題がない家族、片親を亡くした家族、離別を体験した家族である。彼らは、二五六問の質問紙に回答を行なった。その結果、一九五四年時に何も問題がなかった家族は、結婚率が高く、大学のレベル、就労状態が高い傾向が認められた。また、大きな病気や、感情的なショックに対する反応が良いことも観察された。

この研究報告において、われわれのひとり（アヌス、一九七六年）は、とくに興味深く、数千人の症例を代表すると考えられた一〇症例についてレトロスペクティブな再調査を行なった。結果は以下の通りである。

「子供が早期に離別を経験することと、心理的な問題が生じることとのあいだには統計的な相関関係が認められた。最も病的な影響を与える離別は、五歳以前に体験された離別であった。それは、死や決定的な離別が長期化すると、親の関心を大きく占めるからである。これは多くの研究者によって強調されていることだが、子供にとって環境面で最も重要なことは、人生の枠組みを変えずに過ごすことである。たとえば、残った近親者と別れなくてよいかどうか、施設に入らなくてもよいか、代わりの大人を見つけなくてよいかといった条件である。もちろん、大人から子供にもたらされる心的援助の質が重要であることはいうまでもない」。

また、早期に喪失を体験した子供が、大人になって、どのような困難に出会うのかも興味深い問題である。一般的に、早期の離別は、神経症や精神病の発症に、大きな影響を与えないようである。しかし、慢性的抑うつ、精神病質、犯罪、アルコール依存症、自殺傾向の有病率が平均よりも高く、自殺既遂者も多いことがわかっている。多くの調査によって、親の自殺は、子供に精神病理学的問題を引き起こす明らかな要因であることが示されている。子供に対して、特別な支援が推奨されるのはそのためである。

充分に広い範囲におよぶプロスペクティブな長期研究が行なわれれば、われわれは、今までの多くの研究から導きだされた疑問点を確認することができるだろう。たとえば、慢性的な抑うつ、精神病質、犯罪、薬物依存症、アルコール依存症、自殺傾向、自殺既遂のなかで、早期の喪失による影響がより高いのはどれだろうか。さらに、親との関係が不充分、あるいは阻害されており、脆弱な愛情関係に苦しんでいた子供の場合はどうだろうか。こうしたケースをデータによって考察することは非常に重要であると思われる。最後に、喪の悲しみや離別は、愛情不足、あるいは愛情の不安定という意味で、子供の人生に、長期間の混乱を与える。孤児院で生活している子供は、さらに不安定であることが、さまざまな調査によって示されている。

幼少期における喪の困難さは、トラウマの影響と切り離して見積もられなければならない。既に示したように、トラウマは、過大に、あるいは過小に評価されている。三つの要素が、この評価に影響を与えている。最初の要素は、喪失時の子供の年齢と状態である。身体的、心理的な状態が悪いと、喪の悲しみに悪い影響を与える。また、年齢が若いほど問題となる。二つ目の要素は、亡くなった親と子供の、それまでの関係である。三つ目は、子供を取り巻く寄り添いの質である。これらの要素は、喪の経過とともに変化していく。喪の悲しみに陥っている子供に、数年単位で注意を向けることが大切であるのは、そのためである。

第十三章　喪の悲しみに暮れる子供への寄り添い

喪の悲しみに暮れる子供に寄り添うための最初の一歩となるのは、まず悲嘆に暮れる家族を援助することである。さらに、そのための第一歩は、まず、悲嘆に暮れる親を援助することである。援助を求めてきた家族には、喪の悲しみに陥っている親や子供の側に寄り添い、すっかり転覆してしまった人生を立て直すための実務的な側面と、情動的な側面の両方から援助するように助言すると良い。また、故人について話すことも良い。子供を喪の悲しみから遠ざけることが援助ではない。良い援助とは、喪の悲しみとともに生きることを助けることである。

われわれは、子供における喪の悲しみについて限られた知見しか持っていないが、それでも、こうした時期に子供を援助するために、家族にとって必要なことについて述べてゆきたい。子供は、喪の悲しみについて特別な関心を示すわけではないが、子供を援助するならば、まずは、次のようなことを意識することができれば充分であろう。つまり、子供は大人と同じように反応するわけではないこと、子供の心的生活は理論によって統治されているのではないとこと、子供の悲しみの体験は長続きしないこと、子供の苦しみや不安は学校や家での行動や、身体において表出されることが多いということである。

また、誰かが亡くなった時に、子供に必ず言わなければならないことがある。それを伝え損ねると、たいていの場合、子供は喪失に耐えることができない。子供と一緒に行なうべきこと、分かち合うべき行動は、故人について語り合うこと、ともに同じ感情を生きていることを示すことである。

I　両親を支えること

1　援助要請はどこから来るのか？　誰がそれを形にするのか？――悲嘆に暮れている親自身が、子供のために助言やサポートを求めてやってくることがある。子供の問題に近づく前に、それとなくわれわれの共感を示すことで、親自身の喪の悲しみについても聞くことを忘れてはならない。

しかし、よくあるパターンは、祖父母や叔母などが、子供を連れて来る場合である。驚くべきことに、こうした行動を取るのはつねに女性である。子供の診療が始まれば、生き残った親も受診するように、子供を通して言付けることは簡単である。

2　何が求められているのか？――カウンセリングの場で、具体的な事柄について質問されることがある。たとえば、「子供を葬儀に連れて行くべきだろうか」、「亡くなった父親について子供に話すべきか」などである。返事をする前に、援助を求めてきた人から詳しい事情を聞くこと自体が、子供や家族の様子、その人自身の悲しみなどを語らせることに役立つ。現実的には、家族や友人の要請に対して、「どうすれば援助することができるか」、「医療者とともに、家族自身も、子供に対して何ができるか」といった質問からはじめるのが良いだろう。

3　正式な援助要請がない場合どうするか――子供にとって、喪はつねに困難な状況であり、どんな家族も大きく打ちのめされている。とりわけ、あまりに若く配偶者を亡くした人は、非常に大きなショックを受けている。こうした事態を理解するならば、こちらから家族に対して援助を申し出たほうが良いことは明らかであろう。この場合、愛する人の死に寄り添い、死者を取り巻くのは、援助を仲介した者(祖父母や叔母などが多い)になる。支援チームから家族に連絡をとり、数週間後に、支援チームと接触するよう、手紙で招待するのが最も良いだろう。家族が故人とともに過ごした場所を離れたいと望む場合には、組織として他のかたちで援助できる旨を伝えると良いだろう。

II　助けを求めてきた近親者に何を助言すべきか

1　取り巻くこと――喪の悲しみは、つねに、空虚感、見捨てられ感として体験される。そのため、他者の存在は非常に重要であり、多くの人が集まって葬儀をとりおこなうことの意義は計り知れない。悲嘆に暮れる人にとって、両親や友達、近親者、知人の存在は、愛情の表出を可能にするだけでなく、生命感の表出を促すことにもなる。喪の初期には、悲嘆に暮れる人は、多かれ少なかれ、亡くなった人のあとを追いたいと思っている。したがって、喪の最初の時期に、彼らを絶対にひとりにしてはならない。一人の近親者、あるいは友達が、その人の家にしばらくのあいだ泊まり込むことが望ましい。最初に側にいることで、その人や子供のケアができるし、栄養や睡眠、移動や今後のアプローチなど、必要不可欠な物質的な要求にも応えることができる。単純なことだが、喪の最初の時期にそれを行なうには大変な努力を要するのが普通である。大切な人を失なったばかりの人は、側に人がいることで、他人とのあいだにまだ繋がりがあると感じることができる。

しかし、悲嘆に暮れた親を取り巻く必要があるのは、最初の時期だけである。時が経つにつれて、ほとんどの人は悲嘆から遠ざかっていく。その後は、数人の仲間が、自分のペース、自分のかたちで顔を出すことが望ましい。喪の悲しみにある人を取り巻くことは、いつも簡単にできることではない。死から数か月のあいだは、とりわけ困難である。喪の悲しみにある人が、みずから人の前に顔を出すことはない。最初の一歩を踏み出さなければならないのは、つねに周囲の人間である。

2　援助すること――悲嘆に暮れる人を取り巻くことが、すでに一つの援助のかたちである。だが、取り巻いていれば、自然に具体的な援助へと転換するであろう。食事や睡眠、日常活動などの欲求をよく観察することが求められる。こうした援助は、子供の扶養へと向けられることがほとんどである。子供を学校に送り届けたり、寝かしつけたりすることは、悲嘆に暮れた父親や母親にとって、大きな安らぎになり得る。しかし、同じことが、親にとって大きな心配の種になることもある。近しい仲間が、悲嘆に暮れる親の側で子供の世話をするということが最も安心に繋がるであろう。

かつて、名付け親は、名付け子に対して教育的な責任を追っていた。子供が親の死に対して悲嘆に暮れているときに、名付け親が名付け子の世話をすることは、むしろ自然なことである。

悲嘆に暮れる親に付き添って役所に行くこと、あるいは墓地や納骨堂をともに訪れることを提案するのも援助になる。何度か断られたとしても、何らかの展開が生じる可能性がある。援助とは、喪の悲しみに陥っている人が、失なった大切な人の思い出、その悲しみや苦悩について語りたいと思った時に、援助者の存在によって、それができる可能性を提示することでもある。また、しばらくのあいだともに沈黙できる可能性、悲しみや怒り、恨み、見捨てられ感、罪悪感、不安、動揺、空虚感、極度の疲労感、無力感など、さまざまな感情を発露することができる可能性を与えることでもある。

3 語ることを援助する——援助者が関わると最初のうち、喪の悲しみに陥っている人は、故人について多くを語るが、時間の経過とともに変化するのが普通である。悲嘆に暮れる人は、たいてい口数が少なく、とくに自身の死についてあまり語りたがらないものである。これは、大いなる沈黙、大いなる孤独と呼ばれる時期で、他人が自分のほうにやってきて、話しかけ、心配して合図を送るのを待っている時期である。電話で話したり、手紙を書いたり、会いに行くことは、喪の悲しみに陥っている人に、故

人について再び話す機会を与え、故人の記憶を想起させることになる。再び泣き出させることになっても、気に病む必要はない。その涙は、悲しみに新たな展開を与えることになるだろう。

Ⅲ　援助を求める人に対して何を提案するべきか

最初にすべきことは、接触をとってきた人の話をじっくり聞くことである。たいていは、一回ないし、数回にわたり電話をかけてくる。しかし、詳しい情報を聴取して、どのように支援すべきかを検討するために、その人物と直接会うことが必要となることもある。最初に会った時に、子供の面倒を見るだけで充分であるといわれることもあるが、両親に対しても同様の注意を払うことが必要である。

子供の喪を取り扱う前に、両親の話を聞くことは必要不可欠である。その時に、両親の喪の悲しみが語られるように促すと良い。それが終わってようやく、子供の悲しみを聞くことができるようになる。カウンセリングでは質問に対して答えることもあるが、中立の立場に留まり、亡くなった親について語ることを促し、ともに涙するよう努めることが求められている。

最初の対話の最中に、子供にしっかりと安心感を与え、子供が言うことをしっかりと聞くことが重要である。子供たちが発する最初の言葉は、彼らの不安を非常によくあらわしている。子供に必要な材料を与えて、「私に何か描いてくれるかな」、「君の家族を描いてちょうだい」などと言って、あらかじめ用意された平版に絵を描くよう頼んでみよう。われわれは、色クレヨンよりもフェルト・ペンを用いる方法を好んで用いている。感情を写し出すマンダラを描くことは、非常に役に立つ。前もって描かれた円の中を、さまざまな色で満たすことは、子供の感情（喜び、悲しみ、怒り、希望、絶望、平穏）を見事に表わしてくれる。この絵を解釈することはしない。単に、「ここに描かれているのは誰？」、「これは誰？」、「君はここに何を描きたかったの？」などと聞くだけに留める。

その後の展開は、大まかにいえば二つの可能性がある。一つは、それほど深刻な状況になかった場合である。子供は大きく混乱しておらず、親も抑うつ状態に陥っておらず、喪の悲しみが重症化していないように見える時は、もし必要があれば、いつでも声をかけるよう伝えて、数か月後に家族を訪問すれば充分である。もう一つは、もっと深刻な状況だった場合である。病的な状態に陥っている場合は、専門家の診察を提案し、まだ病気といえるほどでなければ、支援組織による定期的な訪問を提案することになるだろう。最初の面談時に、どちらともはっきりしない場合は、一か月程度のちに再度訪問して、子供抜きで話すことが役立つだろう。

Ⅳ　子供を援助すること

最初にすべきことは、喪の悲しみに陥っている子供の特徴について、何らかの情報を手に入れることである。子供がどのように喪を感じ、生きているのかについて最低限の知識を持っていない者が、子供の悲しみを理解して援助することは、非常に困難である。この領域で活動するすべてのボランティアにとって、基本的に成すべきことのひとつとして、情報収集があるのはそのためである。社会 - 医療関係者の場合も同様である。

最悪の事態は、つねに情報不足から生じる。残された親や家族が、学校や教師に子供の情報を提供することを考えもしなかったという場合である。こうした情報不足によって、子供が、学校で冷淡に扱われ、動揺していることがある。それどころか、子供が最も理解と保護を求めている時に、集中力が足りない、うるさいなどといって罰せられていることさえある。本来、学校は悲嘆に暮れる子供にとって、つねに休息がとれる避難所であり続けなければならない。

1　子供を弔事に参加させること——一般的に言って、現代社会が、死や病気を専門家の手に委ね、制度化しようとしていることは明らかである。ところが、それがどうにもうまくいっていないのである。そこで、こうした社会的状況を理解し、かつての家族生活に回帰することが求められている。これは、職業や会社の問題から国民生活に至るまで、社会のあらゆる次元における文化的な大変革である。このような変革が必要とされるのは、子供が大きな試練を人生から遠ざけず、家族の中で自然に共有するためである。しかし、家族の中で共有するにしても、充分な注意と、充分な寄り添いが求められる。

家族の誰かが病気を悪化させ、最後の数日、あるいは最後の数時間を経て臨終の時を迎えるとしても、子供を家族とともに家に留まらせ、通夜や葬式など、故人に関する儀式にも参加させたほうが良い。最後の時まで、子供が家族生活に参加していたならば、死にゆく人に対して、ごく自然に「さようなら」と言うだろう。

2 近親者を失なったばかりの子供に向けて必ず言っておかなければならないこと——まず、最初に必要とされるのは真実を知ることである。

しかし、いったい何が真実なのであろうか。その真実があまりにも悲劇的な場合、それをどこまで言うことができるだろうか。子供は、それをどこまで理解し、堪え忍び、受け入れることができるのだろうか。真実とは、第一に、愛する人が亡くなったという事実である。また、両親が自殺した場合にも、子供に真実を知らせることが望まれる。真実は拒まれることはないが、だからといって何の配慮もなく突きつけてはならない。こうした状況では、真実は語られるものではなく、獲得するものである。したがって、真実だからといって説き伏せてはならない。率直に答えることで、子供に委ねることが肝心である。真実が伝わったあとにも、子供に語らなければならないことが数多く残っている。この質問に答えることは非常に重要である。というのは、それを繰り返し聞くことで、これまで自分のやり方で立ち向かっていた困難に筋道を付け、みずからの喪の悲しみを正しく生きることができるからである。

最初しなければならないのは、父親や母親、兄弟姉妹など、あらゆる人の死は、子供とは何の関係もないところで起こったことなので、自分が責任を感じる必要はないと伝えることである。子供は、言葉や欲望が行動と同じくらい影響を与えるという魔術的思考を持っている。同じく、子供は心の奥底で万能感を有しており、自分のまわりで起こったことは自分に帰すると考えている。そのため、子供はつねに、そして非常にかたくなに、自分に責任があるのだと考えている。子供にとって、突然に訪れた死は、自分が原因に違いないのである。

進行性の致死的な病気について、子供に正確な情報が与えられたら、残された者たちの誰もが死の危険に瀕しているわけではないことを伝え忘れてはならない。子供は、そうしたことを自然に考えてしまうものである。もし、若い近親者が思いがけず、子供にとって説明のつかないような不自然な死に方をした場合、これ以上不幸が訪れないこと、他の近親者（子供自身も！）がすぐに死ぬわけではないことを保証するのは、誰がやっても困難であろう。

充分に取り巻き、寄り添ったとしても、子供は未来について、今まさに自分の人生に具体的に何が起こるのかを問いかけるものである。子供を安心させる言葉は、とくに困難な状況にある子供にとって非常に重要である。子供が不安な数週間を過ごさないですむように、誰も両親の代わりをつとめられるわけではないが、亡くなった親の不在の苦しみを和らげるために、できる限りのことをするという意志を伝える必要がある。

最後に言わなければならない重要なことは、すべての大人たちや子供が、故人を心の中で愛し続け、決して忘れることはないだろうと保障することである。この言葉は、行動が伴えばより効果的になるだろう。こうした宣言は、子供の罪悪感という無意識の感情とアンビヴァレンツな感情を和らげることに役立つが、より効果的にするためには、少し厳かな雰囲気で行なったほうがいいだろう。

V　さらに言っておかなければならないこと、やらなければならないこと

1　思い出の品――家族が所有している故人の写真を集めて、子供に、大きくなったらすべて与えると約束をすること、その中の数枚を与えることは、非常に良いことである。それまでは、家族のアルバムに入った写真を、みんなで日常的に眺めると良い。フィルムやビデオ映像でも同じことである。子供は自分の喪を助けるために、かつて故人が所有していたオブジェを必要とするのが普通である。子供は、オブジェを通して、故人を受け継ぐ者となるのである。

2　亡くなった人との関係を活発にすること――写真やフィルム、ビデオ、オブジェなどは、既に思い出の様式である。しかし、これらは比較的控えめで、あまりにプライベートなものなので、家族で故人の思い出について語るきっかけにならないことがある。しかし、故人の記憶を思い起こし、故人とともに生きることができるのは、墓参りや法事といった日常に溶け込んだ日々の生活においてである。

3　感動を生きること、感情を表現すること――すっかり儀式化された法事のような形で、故人との関係

や記憶をオープンにすることができるようになるには、家族の喪の作業が既に始まっており、ある程度進行していなければ不可能である。こうした儀式は、参加者に痛ましい感情を再び呼び起こし、それを表現させ、共有させるという役割を持っている。

Ⅵ 喪の悲しみにある子供のための組織的援助とは何か

片親、あるいは両親との面談は、決められた枠において展開されるが、実際には柔軟に運用される。その点で、構造化された精神療法的な枠組みとは異なる。こうした面談は、子供の喪の悲しみについて教育を受けた専門家によって実施されているが、場合によっては、家族の同意を得て、ボランティアスタッフが同席することもある。面談によって、子供の親は、子供に起きている問題や、子供とのあいだの問題について話すことができる。しかし、面談は、親自身の喪の悲しみ、おそらく他では表現し難い感情を表現することも促している。

喪の悲しみに陥っている子供を支えるための専門的な支援団体が作られたのは、この数年のことである。この団体のモデルになったのは、ロンドンのセント・クリストファーズ・ホスピスにおいて、ずっと以前から存在していたものである。喪の悲しみに陥っている子供数人が、二、三人の世話役とともに集合する。この世話人が、(デッサン、お話、絵画、仮面劇、人形劇、ゲームなど)さまざまな手法を用いて、子供が一緒になって感情や体験を表出できるように援助するのである。このアトリエは、週に三回から四回へと回数を増やしていくのが普通である。また、アトリエの最後には、経験を家族と共有する時間が持たれることになっている。

セント・クリストファーズ・ホスピスによって編纂された数多くの資料の中には、子供の喪の悲しみに関する重要な小冊子が二つある。ひとつは、『君は近しい人を失なったばかりなんだね』というタイトルで、喪の悲しみについて語り、このテーマについて語ることを促すための冊子である。もうひとつは、『……の思い出についての本』である。これも、同じように、愛おしい故人の思い出を語ることを促すための冊子である。「喪の悲しみを生きる協会」は、子供の喪の悲しみを援助する方向に特化しつつあり、同様の小冊子を出版している。これは、『近しい人を失なったばかりの君へ』というタイトルで、協会のメンバーによって編纂されたものである。相談窓口はあらゆる人に向けて開かれており、電話番号は〇一 四二二三八 〇八 〇八である〔フランス国内の電話番号である〕。

そろそろ本書を要約することとしよう。これから述べることとは、本書の結論であり、喪の悲しみに陥っている子供を援助するにあたり必要不可欠な要素であろう。

まず最初に重要なことは、子供における喪の悲しみの重要性、思春期のあいだの発達について、職業的な介入者、ボランティアスタッフ、子供の親たちが、オープンな見解を持ち、それに関心を持つことである。それは、誰かの死が訪れる前であっても良い。また、子供における喪の悲しみは、大人のそれとは異なる特殊なかたちで展開すること、つねに家族の中で体験され、寄り添われなければならないのは悲嘆に暮れた家族自身であることも理解する必要がある。また、子供の未成熟と脆弱性、今後の発達の必要性などを考えると、子供の喪の作業の一部は、大人の人生との境目に位置しており、大人とは異なるものだと考えるべきである。死を前にして行なわれるあらゆる寄り添いは、大人にとっても子供にとっても、喪の展開と、それからの脱出において、最も重要な要素である。病気や死、葬儀などを子供から遠ざけず、必要な情報を与えた上で子供のレベルに応じて参加させたほうがよいというのは、そのためである。

すでに状況が悪化して病気になっているために、組織的な引き受けが要請された場合には、最初に、多少なりとも子供に近い人物と両親（あるいは片親）を含めた数人で話し合ったあとで、家族全体との面談を提案すると良いだろう。子供は、一〜三回、支持グループに参加するよう招待される。一回のセッションは、半日である、ロンドンで実践されているセッションと非常に似かよっている。

訳者あとがき

二〇一一年三月十一日を境に、われわれ日本人の生活はこれまでと完全に断絶した。地域や職場における活動、エネルギー問題などを含めれば、日本に居る人のすべてが、この大災害と無関係ではいられない。われわれ研究者も同様である。おそらく、どのような研究領域に従事していようとも、今回の大災害と無関係ではいられないだろうし、そうでなければならないと思う。自分自身も、この未曾有の状況に対して「何をするべきか」、「自分に何ができるか」と問わずにはいられなくなった。そこで、その答えを探すために読み始めたのが本書である。そのとき翻訳中であった本が手につかず、たまたま所有していた本書を手にとったのがきっかけであった。意外と思われるかもしれないが、われわれ精神医療に携わるものでも、近親者の死の悲しみを扱うことはまれである。おそらく、ほとんどの臨床家は、喪の悲しみの問題について確固とした知見を持っていないと思われる。かくいう私もまったく同じであり、本書を読むまで、喪は家族が内々に進めるべきものであると考えていた。本書を読み進めていくうちに、それが大きな間違いであることがわかったのだが、その点については本書の中で述べられているので、繰り返す必要もないだろう。ともかく、訳者はこの領域の専門家でないことを、ここで断っておきたい。

たまたま手元にあった、それ以外の本を読む気持ちになれかったからという理由で読み始めた本書であったが、読み進めるうちに非常に良書であることがわかってきた。そして、まさにこれから必要とされる本であると思われたので、本格的に翻訳を始めたのである。

本書がとくに優れていると思われるのは、次のような点である。①通常の喪の悲しみをメインで扱っていること。精神医学や心理学が扱っているのは、喪の悲しみが悪化して、精神病状態、あるいは鬱状態に陥っているものがほとんどである。そのため、通常の喪の悲しみをどう扱って良いかという点において脆弱であり、本書にように、通常の喪の悲しみから、病的な喪の悲しみへとスペクトラム的に扱っているのは、非常に実践的であると思われる。②具体的実践までフォローされていること。抽象論にとどまらず、具体的な事柄にまで踏み込んでいる。たとえば、「子供を葬式に参加させたほうが良いか」、「子供の質問にどう答えれば良いのか」などといった臨床家にとって、すぐに実践に役立つことまでフォローされている。とはいえ、クセジュらしく理論面がおろそかになることもない。③医療に傾きすぎないこと。類書にありがちな、「専門家が関われば関わるほど事態は良くなるのだから国はもっと予算を配置すべき」といった、自分の専門分野への利益誘導が見られないことである。医療や専門家が介入しなければならないケースを認めながらも、葬儀など集団的な喪の重要性を強調していることも、今回のような大惨事においては重要な視点であると思われる。私自身がとくに意識しているのは、被災者を医療が食い物にしてはならないということである。精神科医療の必要性を誇張することで、本来必要な予算が被災者にまわらないことになっては本末転倒である。また、精神科医療は、抑制的に提供されるべきであるし、提供するべき対象を見誤ってはならない。本書は、精神科医療が、誰に対してどのように提供されるべきであろうかという最も基本的な問題に道筋を付けるものであると思われる。

ここで、筆者であるマリ＝フレデリック・バッケ氏とミシェル・アヌス氏について紹介させていただきたい。バッケ氏は、ストラスブール大学臨床心理学部の教授であり、死生学学会の代表をつとめている。また、医学雑誌『精神‐腫瘍学』（プシュ・オンコロジー）、『死学』（エチュード・シュル・ラ・モール）の編集委員長である。このテーマで、多くの著作を執筆している。アヌス氏は、医学と心理学の両分野における博士であり、遺族を支援する団体「喪を生きる」の創設者である。両者ともに、この領域におけるフランスを代表する専門家であると言えるだろう。また、バッケ氏には、今回の大惨事に対して、日本の読者への序文を書いていただいた。

私自身は、精神分析を研究しているが、本書では精神分析用語を、あえて定訳にこだわりすぎずに訳している。と言うのは、著者らが精神分析の専門家ではないこと、本書自体が精神分析を学びたいと思っている人に向けて書かれたものではないからである。精神分析用語を定訳に従順に訳そうとすれば、それに精通していない読者には、非常に難解なものになってしまう。精神分析の専門家でない人が、なぜ精神分析の用語を用いて記述するのかと思われるかもしれないが、それは、日本とフランスの土壌の違いである。フランスにおいて、精神医学、心理学分野でものを書くときに、精神分析的な考え方に言及しないですませることはできないのである。したがって、本書では、精神分析用語を、あえて平易な言葉で置き換えた箇所もある。しかし、読者は、そうした細部にとらわれず、著者が語った大きな論旨の流れに身を投じていただければと思う。

タイトルにもなっている肝心の「deuil」という語だが、これは通常「喪」と訳されている。しかし、本書では「喪の悲しみ」と「喪」の二つに訳し分けている。それは、序章でも記述されていることだが、「deuil」は多義語であり、親しい人が亡くなった悲しみが重視される場合と、近親者の死後という社会的な状況を示す場合があるからである。さらに、繰り返しがうるさくなる箇所では、単に「悲しみ」と訳している。また、もう一つの頻出語である「endeuillé」も文脈によって訳し分けている。これは通常、「喪の悲しみに沈んでいる」という形容詞であるが、名詞的に使われている箇所では、「悲嘆に陥っている人」、あるいは単に「遺族」と訳している。抑うつに関する言葉も、さまざまな言葉が用いられているので、この場で言及しておきたい。「dépression」は、通常「うつ病」と訳されることが多いが、本書では、文脈から「抑うつ」と訳している。また、「dépression-état」、「état dépressif」は、「抑うつ状態」、「dépression pathologique」を「うつ病」、「dépression majeur」を、「大うつ病」と、それぞれ訳し分けている。

本書は Marie-Frédérique Bacqué, Michel Hanus, *Le deuil* (Coll. « Que sais-je? » n°3558, 4ème édition P.U.F., Paris, 2010) の全訳である。しかし、実際には、フランスでまもなく刊行される予定の第五版にもとづいており、本書には最新版のアップデートが反映されている。二〇一〇年の書籍であるのに、日本の災害について語られているのは、そのためである。

最後に、日本語版のための文をお寄せくださった筆者のバッケ氏、大急ぎの出版スケジュールを支えてくださった白水社の中川氏、われわれに代わって被災地で活動されている多くの人たちに感謝を申し上げたい。そして、被災して命を失った人びとの鎮魂と、残された人たちの心に少しでも穏やかさが訪れんことを心から祈る。

二〇一一年八月九日

西尾彰泰

参考文献

Alexandre-Bidon D., *La mort au Moyen Age*, Paris, Hachette, 1998.

Amar N., Couvreur C. et Hanus M., *Le deuil*, "Monographie de la Revue française de psychanalyse 1994", Paris, puf.

Anthony S., *The discovery of the death in childhood and after*, Aiian Lane, The Penguin Press, London, 1971.

Anzieu D., *Le group et l'inconscient. L'imaginaire groupal*, Paris, Dunod, 1981.

Anzieu D., *Le moi-peau*, Paris, Dunod, 1985.

Ariès P., *Essais sur l'histoire de la mort en Occident*, Paris, Le Seuil, 1975.

Ariès P., *L'Homme devant la mort*, Paris, Le Seuil, 1977.

Bacqué M.-F., Souffrances et douleurs dans le travail de deuil, *Psychologie clinique*, 4, 1990 a, 69-77.

Bacqué M.-F., L'enfant arménien. Capacités de réorganisation à la suite de pertes multiples, *Journal de psychanalyse de l'enfant*, 9, 1990 b, 165-176.

Bacqué M.-F., *Le deuil à vivre*, Paris, Odile Jacob, 1992 a, 2e éd., 1995.

Bacqué M.-F., *Le deuil à vivre*, Paris, Odele Jacob, 1992, Opus, 1995,

Bacqué M.-F., *Deuil et santé*, Paris, Odile Jacob, 1997.

Bacqué M.-F., *Mourir aujourd'hui*, ouvrage collectif, Paris, Odile Jacob, 1997.

Bacqué M.-F., Gautier C. (1998) Deuil et divorce des parents: group de soutien psychologique d'adolescents dans le cadre scolaire. *Neuropsychiatrie de l'enfance et de l'adolescence*. 46, 5-6: 350-57.

Bacqué M.-F., La médicalisation des rites de fin de vie, in *Manuel des soins palliatifs*, Paris, Dunod, 2000.

Bacqué M.-F., Deuil post-traumatique sous l'empire de la terreur, *Frontières*, printemps 2003, 32-37.

Bacqué M.-F., *Apprivoiser la mort*, Paris, Odiles Jacob, 2003.

Bacqué M.-F., Pertes, renoncements et intégrations : les processus de deuil dans les cancers, *Ruvue francophone de Psycho-oncologie*, 2, 2005, 117-123.

Bacqué M.-F., Psychothérapie analytique des deuils post-traumatiques, *Revue francophone du stress et du trauma*, 5, 3, 2005, 153-160.

Bacqué M.-F., Deuils et traumatismes, *Annales médico-psychologiques*, 164, 2006, 357-363.

Bacqué M.-F. (2006) Cdavre traumatogène. Corps mort symboligène. *Études sur la mort*, 129 : 59-68.

Bacqué M.-F. (2006) Le deuil post-traumatique chez l'enfant. *Le journal des Professionnels de l'Enfance*, 40 : 57-60.

Bacqué M.-F., *L'un sans l'autre. Psychologie du deuil et des séparations*, Paris,

Larousse, 2007.
Bacqué M.-F., Des séparations aux deuils, place de l'aptitude à la séparation comme organisateur psychique, *Dialogue*, 180, 2008, 23-38.
Bacqué M.-F., *Annoncer un cancer, Diagnostic, traitements, rémission, rechute, abstention...* Paris, Springer, 2011.
Bailly L., *Les catastrophes et leurs conséquences psychotraumatiques chez l'enfant*, Paris, esf, 1996.
Baudry P., *Une sociologie du tragique*, Paris, Le Cerf, 1986.
Bendiksen R. et Fulton R., Death snd the Child, *Omega, 6*, 1975, 45.49.
Bergeret J., États limites et leurs aménagements, in *Psychologie pathologique*, Paris, Masson, 1972.
Bowlby J., Childhood mourning and its implications for psychiatry, *Amer. J. psychiat.*, 118, 1961, 481-498.
Bowlby J., *Attachment and Loss* (vol. 2), Hamondsworth, penguin Books, 1975.
Byme G.J.A., Raphael B., The psychological symptoms of conjugal bereavement in elderly men over the first 13 months, *International Journal of Geriatric Psychiatry*, 12, 1997, 241-251.
Chiffolesu J., *La comptabilité de l'au-delà. Les hommes, la mort et la religion dans la région d'Avignon à la fin du Moyen Age*, Rome, École française de Rome, 1980.
Clayton P. J., Bereavement and Depression, *Journal of Clinical Psychiatry*, 51, 1990, 34-38.
Comillot et Hanus M., *Parlons de la mort et du deuil*, ouvrage collectif, Paris, Frison-Roche, 1997.
Delumeau J., *La peur en Occident*, Fayard, Paris, 1978.
Deregnaucourt J.-P., *Autour de la mort à Douai. Attitudes, pratiques et croyances, 1250-1500*, thèse de doctorat, Université Ch.-de-Gaulle - Lille 3, 1993.
Déchaux J.-H., *Le souvenir des morts*, Paris, puf, 1997.
Dusart A., *Les personnes déficientes intellectuelles confrontées à la mort. Retentissement de la perte d'un proche, processus de deuil et attitudes de l'entourage*, Centre régional d'études et d'actions sur les handicaps et les inadaptations de Bourgogne, décembre 1997.
Freud A. et Burlingham D., *War and Children*, New York, Internat. Univ. Press, 1943.
Freud S., *Deuil et mélancolie, in Œuvres complètes*, t. XIII, Paris, puf,1988.
Freud S., *Sur la guerre et sur la mort, Métapsychologie, in Œuvres complètes*, t. XIII, Paris, puf, 1988.
Freud S., Au-delà du principe de plaisir, in *Œuvres complètes*, Paris, puf, t. XV, 1996.
Gorer G., *Ni pleurs, ni couronnes, précédé de Pornographie de la mort*, Paris, epel, 1995.
Greene W.A. et Miller R.G., Psychological Factors and reticuloendothelial disease,

IV : Observations on a group of children and adolescents with leukemias, *Psychosomatic. Medecine*, 20, 1958, 124-144.

Hanus M., *La patholpgie du deuil*, Paris, Masson, 1976.

Hanus M., *Les deuils dans la vie*, Paris, Maloine, 1994 ; 2e éd., 1998.

Hanus M. et Sourkes B. M., *Les enfants en deuil*, Paris, Frison-Roche, 1997.

Hanus M., *La mort retrouvée*, Paris, Frison-Roche, 2000

Henoch M. J, Baston J.W. et Baum J., Psychosocial Factors in juvenile rheumatoïd Arthritis, *Arthritis and Rheumat.*, 21, 1978, 229-238.

Kaës R., *Le groupe et le sujet du groupe*, Paris, Dunod, 1993.

Kaës R., *La parole et le lien. Processus associatifs dans les groupes*, Paris, Dunod, 1994.

Leaverton D. R., White C.A. et al., Parental Loss Antecedent to Childhood Diabetes Mellitus, *J. Amer. Acad. Child Psychiat.*, 19, 1980. 678-689.

Lindemann E., Symptomatology and Management of Acute Grief, *American Journal of Psychiatry*, 101, 1944, 141-148.

Montigny J. (de) *Le Crash et le défi : survivre*, Montréal, Eds. Le remue-ménage, 1985.

Morin E., *L'homme devant la mort*, Paris, Le Seuil, 1976.

Moro M.-R. (sous la dir de.), *Psychiatrie humanitaire en ex-Yougoslavie et en Arménie*, Paris, PUF, 1995.

Nagera H., Children's reactions to the death of an important objects : A developmental approach, *Psychoanal. Stud. Child*, 25, 1970, 360. 400.

Nagy M., The child's view of desth, in H. Feifel, *The meaning of death*, New York, MacGraw Hill Cy, 1959.

POllock G. H., Anniversary Reactions, Trauma and Mourning, *Psychoanalytic Quarterly*, 24, 1970, 347-371.

Parkes C. M., Benjamin B., Fitzgerald R. G., Broken Heart : A Statistical Study of Increased Mortality among Widowers, *British Medical Journal*, 1, 1969, 740-443.

Parkes C. M., Determinants of Outcome Following Bereavement, *Omega*, 6.
1975, 303-323.

Perkes C. M., Breavement Councelling : Does it work ?, *British Medical Journal*, 281, 1980. 3-6.

Prigerson H. G., Bierhals A. J., Kasl S. V. *et al.*, Traumatic Grief as a Risk Factor for Mental and physial Morbidity, *American Journal of Psychiatry*, 154, 5, 1997 a, 616-624.

Rimon R., Belmarker R. H. et Ebstein R., Psychosomatic Aspects of juvenile Rheumatoïd Arthritis, *Scand. J. Rheumatol.*, 6, 1977, 1-10.

Robertson J., Young Children in brief Separation, *Psychoanal. Stud. Child*, 26, 1971, 264-315.

Roux M.-L. (sous la dir. de J. Aïn), L'après-coup du traumatisme, in *Survivances. De la destructivité à la créativité*, Paris, Érès, 1999.

S. S Virani, A. N. Khan, C. E. Mendoza, A. C. Ferreira, E. de Marchena(2007) Takotsubo Cardiomyopathy or Broken-Heart Syndrome. *Texas Heart Institute Journal* 2007 ; 34/76-9

Spitz R., Hospitalism, *Psychoanal. Stud. Child*, 1, 1945, 52-74.

Spitz R. *The first year of live*, New York, Intenat. Univ. Press, 1965.

Stroebe W., Stroebe M., *Bereavement and Health*, Cambridge, Cambridge University Press, 1987.

Thomas L.-V., *Anthropologie de la mort*, Paris, Payot, 1975.

Thomas L.-V., *Mort et pouvoir*, Paris, Payot, 1978.

Thomas L.-V., *Rites de mort*, Paris, Fayard, 1985.

Torok M., Abraham N., Introjecter. Incorporer. Deuil ou mélancolie, *Nouvelle revue de psychanalyse*, 6, 1972, 111-123.

Urbain J.-D., *L'archipel des morts*, Paris, Plon, 1989.

Vachon M. L. S., Staff stress in hospice/palliative care : A review, *Palliative Medecine*, 9, 1995, 91-122.

Van Gennep A., *Le folklore français*, Paris, Robert Laffont, 1998(1943).

Vovelle M., *La mort et l'Occident de 1300 à nos jours*, Paris, Gallimard, 1983.

Winnicott D. W. (1958), La psychologie de la séparation, in *Déprivation et délinquance*, Paris, Payot, 1994.

Zadje N., *Enfants de survivants*, Paris, Odile Jacob, 1995.

訳者略歴
西尾彰泰（にしお・あきひろ）
一九七二年生まれ。一九九八年、愛媛大学医学部卒業。
二〇〇〇年、マルセイユのエクス＝マルセイユ大学で臨床研修医として勤務。二〇〇一年、パリ第七大学精神分析学部博士課程に在籍。二〇〇三年より、岐阜病院、岐阜大学付属病院助手などを経て、現在、松蔭病院勤務。
主要著訳書
『精神医学キーワード辞典』（共著、中山書店）
G・カリガリス『妄想はなぜ必要か』（共訳、岩波書店）
P＝L・アスン『フェティシズム』（共訳、白水社文庫クセジュ九三一番）
G・ボネ『性倒錯』（共訳、白水社文庫クセジュ九五四番）

本書は二〇一一年刊行の『喪の悲しみ』第一刷をもとにオンデマンド印刷・製本で製作されています。

喪の悲しみ

二〇一一年九月二五日 第一刷発行
二〇一三年六月一〇日 第二刷発行

訳者 © 西尾彰泰
発行者 及川直志
印刷・製本 大日本印刷株式会社
発行所 株式会社 白水社
東京都千代田区神田小川町三の二四
電話 営業部〇三（三二九一）七八一一
編集部〇三（三二九一）七八二一
振替 〇〇一九〇―五―三三二二八
郵便番号一〇一―〇〇五二
http://www.hakusuisha.co.jp
乱丁・落丁本は、送料小社負担にてお取り替えいたします。

ISBN978-4-560-50961-6
Printed in Japan